卢良恕

Pictorial Biography of Lu Liangshu

画传

中国农业科学院 主编

中国农业科学技术出版社

图书在版编目（CIP）数据

卢良恕画传 / 中国农业科学院主编 . -- 北京 : 中国农业科学技术出版社 , 2024.10. -- ISBN 978-7-5116-6991-9

Ⅰ. K826.3-64

中国国家版本馆 CIP 数据核字第 2024QX2653 号

责任编辑　施睿佳　姚　欢
责任校对　王　彦
责任印制　姜义伟　三思文

出 版 者	中国农业科学技术出版社
	北京市中关村南大街 12 号　　邮编：100081
电　　话	（010）82106631（编辑室）　（010）82106624（发行部）
	（010）82109709（读者服务部）
网　　址	https://castp.caas.cn
经 销 者	各地新华书店
印 刷 者	北京科信印刷有限公司
开　　本	296.5 mm × 296.5 mm　1/16
印　　张	10.25
字　　数	250 千字
版　　次	2024 年 10 月第 1 版　2024 年 10 月第 1 次印刷
定　　价	298.00 元

版权所有·侵权必究

卢良恕

（1924.11—2017.1）

编委会名单

编委会主任

吴孔明　　杨振海

编委会常务副主任

刘　旭　　曹永生　　陈华宁

编委会副主任

舒文华　　司洪文　　许世卫　　卢肖平　　苟红旗　　孙君茂

薛鹏飞　　柯小华

编委会成员

（按姓氏笔画排序）

王盛威　　朱海波　　汤承超　　许健民　　李明轩　　杨官官

沈秋兴　　张永恩　　聂　莹　　顾晓君　　徐　进　　高中琪

路浩冉　　缴　旭　　鞠光伟

序一

2024年是卢良恕同志诞辰100周年。卢良恕同志是中国农业科学院第三任院长，是新中国早期的小麦遗传育种及栽培专家，1994年当选中国工程院首批院士，并担任中国工程院副院长，在中国农业界和科技界都享有盛誉。他一生心系国家，情牵民生，以"等闲风餐露宿"的热忱和激情走遍神州大地；他一生襟怀坦荡，虚怀若谷，坚守艰苦朴素的传统，远名利而淡得失；他一生坚持真理，科学求实，学术作风民主，大力倡导培养年轻创新人才，是我国老一辈科学家的优秀代表。

1924年，卢良恕同志在上海出生，少时历经国土沦丧、背井离乡等苦难，他立志发愤图强、科学救国。目睹农村贫困、饿殍遍野的惨状，他抱着"民以食为天，食以农为本"的强烈愿望，毅然选择了投身农业、振兴农业的道路。1943年，他考上金陵大学农学院，毕业后进入中央农业实验所麦作系从事小麦育种研究。20世纪五六十年代，他在江苏主持选育出以"华东6号"为代表的华东系列8个小麦优良新品种，在长江中下游地区广泛推广和应用；主持开展了长江流域小麦高产稳产耕作栽培技术体系研究，推动了作物育种和耕作栽培技术的良种良法协同发展。1981年担任江苏省农业科学院院长，为江苏省农业科技事业的发展做出重要贡献。

1982年至1987年，卢良恕同志担任农牧渔业部党组成员、中国农业科学院院长，当选第十二届中央候补委员。那时，正是国家发展关键时期，改革开放波澜壮阔，社会发展浪潮迭起。中国农业科学院在恢复中整顿，在整顿中发展，亟需擘画新局。甫一上任，他即深入科研、生产一线调查研究，围绕科研与生产相结合，建立科研工作新秩序，先后组织制定了一系列科研和管理工作制度，注重为科学研究创造良好的环境。他善于从战略角度思考问题，全面谋划中国农业科学院的发展，明确提出要重视基础研究，以应用基础研究和应用研究为主，在全局性、关键性、基础性和方向性的研究方面发挥领军作用，侧重解决全国或区域性农业发展中具有重大经济社会效益的科学技术问题，并努力做好为全国农业科研、生产的服务工作。根据科学研究发展新形势的需要，他领导筹建了中国农业科学院生物中心、计算机中心、中国水稻研究所和中国农业科学技术出版社等新机构，有计划地培养大批中青年学科带头人，加强国际合作，在科研管理、农业宏观战略、农业科技体制改革等方面，做了大量且卓有成效的工作。五年间，中国农业科学院的传统学科渐渐复原，新的学科、新的建制初见雏形，科研业务和管理建设、人才队伍建设、科研设备和生活条件建设等有了长足的进展。他的领导与组织为中国农业科学院的发展打下了坚实基础，积蓄了澎湃动能，其贡献炳若日星，永不磨灭。

随着农业农村改革的不断深入和对外开放格局的形成，为服务于国家农业宏观决策，卢良恕同志逐渐转向农业宏观发展战略研究。他对于中国农业要实现现代化的路径有较为清晰的认识，深知除了要在农业科学技术上有所突破外，农业宏观决策的把握同样必不可少，甚至更为重要。他先后组织了"中国粮食作物和经济作物发展研究""中国中长期食物发展战略研究""中国农业现代化理论、道路和模式研究"等国家重大项目，创造性提出"我国人均400公斤粮食必不可少""把传统的粮食观念转变为现代食物观念""建立种植业三元结构""中国将走现代集约持续农业之路"等重要战略观点和思路。这些科研成果不仅开拓了农业宏观研究的新领域，丰富和发展了食物结构与营养研究的新思路，也为政府部门制定农业发展战略和重大决策提供了科学依据。

在70年的科学研究与管理生涯中，卢良恕同志为中国农业科技事业鞠躬尽瘁，矢志不移，奉献了全部的智慧和心血。他对党忠诚、热爱人民，自觉把个人志向与民族振兴紧密联系在一起，将毕生热忱悉数奉献给我国农业科学技术、农业宏观战略研究和"三农"事业。从微观的作物科学研究入门到中观的耕作栽培制度、区域农业发展，再到宏观的农业生产结构、食物营养安全和现代食物观念等，一步一台阶，步步有成就。作为德馨品高的一代农业大家，他的崇高精神和优良风范，是我们学习的榜样。

《卢良恕画传》汇集了卢良恕同志一生从事农业科学研究、农业科研管理所取得的丰硕成果、所经历的点滴往事，希望它的出版有助于让更多的人了解卢良恕同志的学术思想、战略思维，了解他的报国之志、坦荡人生，为后人提供启迪，为社会提供借鉴，为中国农业科技发展留下一份珍贵资料。

承先辈之风，仰前者之志，行动是最好的纪念。希望广大农业科技工作者见贤思齐、驰而不息，继承和弘扬科学家精神和农科精神,心系"国家事",肩扛"国家责",坚持"四个面向",勇于开拓创新,为实现乡村全面振兴和农业强国建设提供强有力科技支撑,在以中国式现代化全面推进中华民族伟大复兴的新征程中贡献力量。

农业农村部党组成员
中国农业科学院院长
中国工程院院士　　吴孔明

中国农业科学院党组书记　杨振海

2024 年 10 月 9 日

序二

卢良恕院士是我国著名农学家和农业发展宏观战略研究专家。他于1994年当选中国工程院首批院士，同年担任中国工程院副院长。

1994年6月，在我国改革开放和现代化建设的历史大潮中，中国工程院应运而生。今年，中国工程院刚刚走过了30年的历程。习近平总书记在致中国工程院30周年的贺信中指出，30年来，在党的坚强领导下，中国工程院团结凝聚院士和广大工程科技工作者，大力推动工程科技发展，不断攻克科技难关，为推动我国工程科技创新进步、促进经济社会高质量发展作出了重要贡献。三十而立，抚今追昔，我们更加缅怀和崇敬曾为中国工程院的创立、发展和壮大作出奠基性贡献的老一辈院领导和院士们！

卢良恕院士是具有高超协调能力和卓越管理水平的专家型领导。中国工程院具有独特的组织结构和运行机制，建院伊始，从章程制订到发展规划研究，从促进工程科技人才成长的措施到院士增选政策系列文件的制定，从学术活动的组织开展到战略咨询的组织实施，从加强科学道德建设到惩戒学术不端行为，从机关干部队伍建设到院士队伍发展规模等，无不凝聚着包括卢良恕院士在内的首届院领导班子成员的智慧与心血。农业、轻纺与环境工程学部是中国工程院建院初期设立的七个学部之一，卢良恕副院长当时负责联系该学部的工作。农业、轻纺与环境工程学部的业务范围包含了农牧业、林业、农业工程、轻工、纺织、环境、气象、海洋等多个行业，涵盖学科更为广泛，学部业务对应的范围也就较为广泛和复杂。卢良恕副院长紧密团结依靠广大院士，注重听取各方面意见和建议，集思广益，凝聚共识，在学部常委会组成、院士增选工作的组织、院士标准的把握、学部建设和学科发展，以及重大学术活动组织、人才培养、战略咨询等重要方面，均给予了有力的协调和指导，保证了学部工作的顺利运行，为学部各项工作的稳步发展奠定了坚实的基础。

卢良恕院士是改革开放以来农业科技飞速发展的亲历者和推动者。作为农业方面的代表性人物，卢良恕副院长时刻不忘为农业科技进步和农业产业发展鼓与呼。他对我国农业基础地位的深刻理解，对农业现代化发自肺腑的坚定信念，不仅在其行业内影响广泛，而且被越来越多行业之外的院士和专家所接受。在工程院工作期间，他始终强调农业在我国的基础地位和极端重要性，并结合当时我国环境问题的日益突出和相关领域科技飞速发展的实际情况，提出工程院应该在已有学部设置的基础上研究单独设立农业学部和环境学部的可行性。正是由于他多年持之以恒的呼吁和推动，在他与继任同志的持续努力下，这一提议在2006年经主席团审议通过，从而为农业和环境两个行业的发展和相应学科的进步起到了积极的促进作用，也为之后农业和环境与轻纺工程两个学部的发展创造了良好的条件。

卢良恕副院长还曾兼任工程院首个跨学部的专门委员会——环境委员会的主任委员，为推动具有跨部门、跨行业、跨学科环境问题的研究和交流做了大量组织协调工作，取得了积极的成效。

卢良恕院士是具有广阔宏观视野和前瞻性思维的战略科学家。 组织院士和专家就关系国民经济、社会发展和科技进步等重大问题开展咨询是国家赋予工程院的主要职能。卢良恕院士在担任工程院副院长之前，就具有较长时间从事农业宏观战略研究的经历和相应的研究团队，以此为基础，他驾轻就熟，在建院初期即率先牵头组织开展了农业方面的多项战略咨询研究工作。他以花甲之高龄，常常带领院士和专家，奔走于华夏大地，穿行于阡陌之间，在大量实地调查研究和分析研判的基础上，向国务院和国家有关部门提出多项战略咨询意见和建议。其中关于粮食和食物安全底线、农业种植业结构调整、区域农业综合开发和大食物观等重要理论与建议，得到党中央、国务院的重视和有关部门的采纳，在促进我国农业科技的创新进步和农业产业发展，实现我国持续的粮食安全和人民食物结构改善方面发挥了重要作用。有些重要思想和理论影响至今。

时值卢良恕院士百岁诞辰之际，中国农业科学院组织编辑出版《卢良恕画传》，是一件非常有意义的工作。相信画传的出版，不仅让我们有机会再一次重温卢老为农业科技和"三农"事业奋斗一生的辉煌历程，以及他谦逊和善、长于协调、乐于合作、磊落坦荡、淡泊宁静、忠诚祖国、忠于人民的高尚情操，更能使年轻一代科技工作者深切体会他矢志不渝、严谨求实的科学精神，深刻理解他的战略思维和超前意识，深入感受他的宽广胸襟和家国情怀，深情缅怀他的道高德重和大家风范，从而为农业现代化的早日实现和中华民族伟大复兴而接续奋斗。

是为序。

中国工程院院士、 邓秀新

中国工程院副院长

2024 年 10 月 14 日

缅怀老会长卢良恕院士

中国农学会由孙中山先生首倡，1917年成立，是中国近现代农业科技发展的亲历者和推动者。2017年学会成立百年之际，习近平总书记专门发来贺信，高度评价学会在推动农业科技进步和农业农村现代化中的历史贡献，对学会在新时代发挥更大作用提出了殷切期望。卢良恕院士曾于1983年5月至1992年4月担任中国农学会第四届、第五届理事会会长，于1992年4月至2007年5月担任中国农学会第六届、第七届名誉会长，1998年5月担任中国农学会首批中国农业专家咨询团主任委员。在卢良恕院士带领下，学会在学术交流、研究咨询、科学普及、国际合作及两岸交流等方面取得了一系列显著成就。

学术交流、研究咨询、科学普及是科技社团发展的重要职能。在卢良恕院士的积极带领下，学会逐渐培塑出以学术研讨汇集智识、以研究咨询凝练智识、以科学普及传播智识的"三轮驱动"模式。锚定农业棘手难题，组织举办武陵山区农业综合开发治理学术研讨会、黄河三角洲高效生态农业发展战略研讨会等专题交流，提出《关于武陵山区农村综合开发治理的报告》《关于建立黄河三角洲国家高效生态经济区的建设》等重要建议，为区域转型提供重要决策参考，多篇建议受到中央领导的重视和表彰。聚焦学科发展，牵头编纂出版《全国自然科学名词审定委员会公布：农学名词（1993）》，收录名词3 000余条，为农学学科规范化发展提供坚实支撑。围绕国民科学素质提升，在他的推动下，学会组建中国农学会科普信息网，积极开展"全国青少年首届农学夏令营""全国农业科普作品评选"等活动，极大地提高了公众的农业科学素养。

国际农业交流合作是推进科技进步、发挥民间外交作用的重要载体。卢良恕院士具有宽广的国际视野，曾率学会代表团对苏联、日本等国家进行考察访问，派遣千余名研修生赴日、赴美学习先进技术，积极组织参与国际学术交流活动。在他的努力下，中国农学会与多个国家农业组织建立了合作关系，汲取国外农业科技先进经验，培养大批科技人才，为我国农业科研进步提供重要智力支撑。

农业交流合作是海峡两岸关系破冰的先行者。1992年，时任名誉会长的卢良恕及夫人随大陆杰出科学家访问团赴台考察，这是两岸恢复往来后，大陆农业科学家第一次正式应邀赴台，标志着海峡两岸实现首次双向交流。五年后卢良恕院士再次赴台参加台湾中华农学会成立80周年庆典，两岸农学会之间同根同源的情谊不断加深。

1946年，就读于金陵大学的卢良恕曾获得学会奖学金，一颗希望的种子在此刻生根发芽。岁月流转，这位曾经的学子以卓越的智慧和情怀，反哺学会绘就了二十余载的辉煌篇章。卢良恕院士的一生，是为中国农业科学奋斗的一生。他的贡献不仅体现在推动中国农业科技进步上，更在于他对后辈的培养和激励。他的精神将永远激励着我们，他的工作将继续影响着中国农业的未来。让我们铭记卢良恕院士的贡献，继续他未竟的事业，为中国农业的繁荣和发展贡献力量。

中国农学会

2024年10月

在卢良恕先生精神感召下

卢良恕先生于1993—2009年，连续担任第一届、第二届国家食物与营养咨询委员会（以下简称"国家食养委"）主任，主持开展多项食物与营养战略研究的国家重大项目，项目成果有力支撑了《九十年代中国食物结构改革与发展纲要》（国发〔1993〕40号）、《中国食物与营养发展纲要（2001—2010年）》（国办发〔2001〕96号）两部国家文件先后颁布实施。卢良恕主任是我国食物发展和营养改善事业的主要首创者和奠基人。

二十世纪八十年代初期，卢良恕主任带领战略研究团队经过系统调研分析预判，得出了"我国人均粮食400公斤必不可少"的重大论断，这一论断成为我国较长一个时期粮食政策的重要参考依据。八十年代末到九十年代初，在对粮食问题有了较为清晰认识之后，卢良恕主任以他长期以来从事农业战略研究的敏锐洞察力，准确关注到人口增长、资源约束与膳食结构、人民健康的相关问题，组织课题组起草了《我国中长期食物发展战略研究》项目建议书，得到了国家自然科学基金委的特别重大项目立项资助。

九十年代初期,经过几年的全国性基础数据综合分析、重点地区观察调研和重点人群膳食结构健康状况调查,以及相关国家不同历史阶段的食物结构借鉴等,卢良恕主任提出了一系列的新观点,如"把传统的粮食观念转变为现代的食物观念""在充分利用现有19亿多亩耕地的同时,面向整个国土资源,综合开发食物资源""种植业应从粮经二元结构向粮经饲三元结构转变""坚持食物生产与消费协调发展""逐步建立中小学生营养餐制度"等。这些新观点,成为《九十年代中国食物结构改革与发展纲要》(国发〔1993〕40号)的重要科学依据。

二十世纪末,我国实现了农产品供给由长期短缺到总量供需基本平衡、丰年有余的历史性转变。进入二十一世纪,卢良恕主任带领团队开始聚焦四个问题:一是我国优质农产品比重偏低,奶类、大豆等优质食物消费明显不足;二是城乡居民营养不平衡、地区差异较大;三是食品工业(农产品加工)发展滞后,产品结构、技术装备、产业规模等都存在较大差距;四是食物质量、安全和卫生存在隐患,严重影响人民健康。卢良恕主任坚持问题导向开展系统研究,提出了"建立以农业为基础、以食品工业为龙头的现代食物产业体系""坚持食物质量与安全卫生管理相结合的原则,加强对食物质量的监测和管理"等应对思路,成为《中国食物与营养发展纲要(2001—2010年)》(国办发〔2001〕96号)的重要支撑。

力量薪火相传,事业继往开来。2009年万宝瑞同志(原农业部党组副书记、副部长)接任第三届国家食养委主任,2016年陈萌山同志(中国农业科学院原党组书记)接任第四届国家食养委主任。一届又一届食养委接续履行职责使命,2012年主导筹建成立农业农村部食物与营养发展研究所，强化了国家食养委的科研载体和办事机构力量；2014年支撑推动了《中国食物与营养发展纲要（2014—2020年）》（国办发〔2014〕3号）第三部国家食物营养纲要的颁布实施；2015年开始组织创建国家食物营养教育示范基地，已筛选了40多家创建单位并正式授牌；2017年开始举办"中国食物与营养创新发展论坛"年度品牌活动，已在北京、天津、泰安、南京连续举办了四届会议（疫情期间停办），社会影响力迅速上升；2018年成立了农业农村部农产品营养标准专家委员会，已连续制定发布50多个农产品营养序列部颁标准；多年来营养科普工作全面发力，《会吃才有健康》、"二十四节气话营养"等成为科普品牌；2018年起扎实组织开展食物与营养战略研究、成果论证、观点会商等系列工作，正在接续支撑推动《中国食物与营养发展纲要（2024—2030年）》颁布实施。

食物营养与健康是人类发展最基础、最本质的永恒话题。国家食养委将认真贯彻落实党的二十届三中全会精神，继承发扬卢良恕先生的学术造诣和战略研究观念，坚持践行大食物观，以食养天下人的使命担当，为我国食物发展与居民营养改善作出新的更大贡献！

国家食物与营养咨询委员会
2024年10月

忆卢良恕先生

卢良恕先生 1947 年 1 月毕业于金陵大学农学院农艺系，毕业后便到中央农业实验所麦作系工作，历经华东农科所、中国农业科学院江苏分院、江苏省农业科学所、江苏省农业科学院等阶段，历任小麦品种研究组组长、淮北小麦工作组组长、办公室副主任、主任、技术处处长、粮食作物研究室负责人、副院长，1981 年 3 月任院长。卢老在江苏省农业科学院度过了 35 载春秋，是江苏省农科院发展壮大、江苏农业科技进步的躬身建设者和历史见证人，他一心为农、深耕一线、开拓进取、奖掖后学的精神，是引领农科事业"基业长青"的宝贵财富和动力源泉。

扎根一线　务实创新

在"科学救国"和"民以食为天"强烈愿望的驱动下，卢先生毅然走上了农业科研之路，从此便与"三农"事业结下了不解之缘。

卢先生从事小麦育种科研工作。1950年，面对小麦条锈病全国大流行，卢先生便下定决心要育出早熟、抗锈小麦新品种。经过无数次的淘汰、筛选、品种比较试验以及区域试验，于50年代中期，主持选育出华东系列小麦品种（品系）8个，其中以'华东6号'最为突出，在长江中下游地区最大种植面积达200万亩以上，成为新中国成立后我国南方较早育成的丰产、抗锈新品种之一。期间，卢先生和同事们系统研究了苏、皖、浙、闽4省300多个地方小麦品种，70年代，又牵头开展了长江流域耕作栽培制度、三麦生产技术研究，推动了小麦遗传育种和耕作栽培高质量发展。

一直以来，卢先生坚持科研与生产相结合，这与他多年在基层蹲点不无关系，在安徽宿县工作两年，帮助农民解决农业生产实际问题便是很好的例证。1953年4月，宿县麦苗突遭严重的春霜冻害，卢先生第一时间到田间地头了解情况，针对问题及时改进田间管理措施，保障了灾年当地群众的口粮安全。蹲点期间，卢先生研究发表了《苏、皖、淮河以南地区小麦地方品种研究初步总结》等多篇研究论文和综合性报告，对改变苏皖两省淮北地区低产面貌、促进农业生产发展产生了积极作用。

宏观思维　战略眼光

1958年，卢先生从粮作系调至院部工作，他的工作重心从小麦育种逐渐转向宏观战略研究和农业科技管理。

70年代末80年代初，面对全省农作物育种缺乏顶层设计、主攻方向不明、研究力量分散等问题，卢先生提出全省粮食作物育种协作攻关思路，组织建立由科研单位、高等院校、种子管理部门、生产场圃共36个单位700多位科技人员参加的8种作物12个育种攻关协作组，实现了农作物品种选育、区试、繁殖、推广一体化，直接经济效益达 24 亿元，有力提升了江苏育种的创新水平。农业部 1982 年召开的全国农作物育种攻关协作会上，卢先生作专题发言，得到部领导和与会专家高度评价和广泛赞誉，为我国其他省份陆续开展多学科、跨部门协作攻关提供了有益借鉴。同时，担任江苏省农科院院长期间，卢先生大力推进系改所改革、充实科研人员队伍、完善管理制度，为"文革"后各项事业的稳定发展奠定了重要基础。

儒雅谦和　乐于育人

卢先生一向作风朴实、平易近人，具有典型的学者风范。

与同事相处，他从不把自己当作一位领导者，而是当作一名普通的共事者。卢先生对年轻科技人员的培养非常用心，除了业务上的指导，他还经常向年轻同志分享科研历程、管理经验，逐字逐句帮助他们修改文章、材料，引导他们注重文献阅读、调查研究，鼓励他们形成有思想、有深度的研究报告、工作建议，不少受他指点的年轻同志成长为江苏省农科院的"中流砥柱"。即便后来赴中国农业科学院工作，卢先生也一直心系江苏省农科院发展，在院庆等重要时间节点都会到场祝贺或发来贺信，并多次回江苏省农科院看望老专家，围绕现代农业为青年科技人员作专题学术报告，勉励他们不断提高能力水平，为农业高质量发展贡献力量。

（部分内容根据阮德成、茅鸣皋、汤邦根、查元渊等老专家回忆整理）

江苏省农业科学院

2024 年 9 月

前　言

卢良恕院士是我国农业科技界德高望重并在国内外享有盛名的当代著名农学家、农业宏观战略专家。他一辈子躬身不辍与农为伍，一生孜孜以求兴农报国，在共和国农业科学发展史上留下了浓墨重彩的一笔，是我国科学家的杰出典范。在卢良恕先生百年诞辰之际，中国农业科学院组织力量编撰出版《卢良恕画传》，集中系统宣介他70年从事农业科研工作形成的主要学术思想、观点和理论，以此缅怀他对我国农业科学发展做出的卓越贡献，表达我们对他的崇高敬仰和深切怀念，激励后辈学习和传承他的思想和精神，继续奋力推进农业科技事业发展。

《卢良恕画传》由生平经历、学术思想摘编、工作生活足迹3个部分组成。第一部分生平经历主要通过选取卢先生人生重要时刻的照片和档案资料来展现卢先生的求学、工作、研究和学术经历。第二部分学术思想摘编，通过查阅卢先生的讲话、报告、著作等，节选原文原话，按照小麦育种与作物栽培、农业科研体制与学科建设、农业区域综合开发、粮食安全底线、三元种植结构、食物结构与膳食营养、现代农业、现代食物观等 8 个主题进行分类整理，配以相关的图片，力求原汁原味、图文并茂地呈现卢先生不同时期的主要学术思想。第三部分工作生活足迹，选取了他在不同时期、不同场合的照片，呈现卢先生的工作历程和家庭亲情等。

在收集、整理和选用卢先生的数百张照片中，他勤奋工作、深入基层、走遍祖国大地以及与同事亲友和睦相处、团结奋进的形象栩栩如生。卢先生学术思想、理论观点和战略论断选自于数百万字的各种文章、论文与文献资料，在查阅、比较和选编过程中，他的深刻洞见、宏大视野和远见卓识，让人由衷感佩，诸如"我国人均 400 公斤粮食必不可少""把传统的粮食观念转变为现代食物观念""种好 16 亿亩耕地的同时面向整个国土资源广辟食物来源"等思想观点，虽然是在二十世纪八九十年代提出，但却依然精准指导当下的时代命题，可谓高瞻远瞩、历久弥新。

纵观卢良恕先生的一生，他从微观的作物科学研究入门，到中观的耕作栽培制度、区域农业发展，再到宏观的农业生产结构、食物营养安全和现代食物观念等，思想有高度，理念有前瞻。出版《卢良恕画传》，不仅具有历史研究价值，更具有现实指导意义。

由于水平所限,加之有些照片年代较为久远,编辑过程中不免存在疏漏不当之处,恳请读者惠予指正。

《卢良恕画传》编委会

2024 年 10 月 9 日

卢良恕 生平时间简轴

- 1924.11.3 出生于上海（原籍浙江湖州）
- 1930 吴兴①苕溪小学
- 1936 杭州蕙兰中学
- 1939.3 贵阳清华中学高中
- 1943.2 考入金陵大学农学院农艺系
- 1947.1 金陵大学毕业，获学士学位，入职中央农业实验所
- 1950.2 华东农业科学研究所②
- 1950 与尹雪莉结婚
- 1953.9 加入中国共产党
- 1956.7 江苏省第三届党代会代表
- 1959.5 中国农科院江苏分院③办公室主任
- 1964.11 第三届全国人大代表
- 1966.6 中国农科院江苏分院院办主任兼技术处长
- 1969 江苏"五七"干校，后期到校部担任农业组长
- 1974.11 江苏省农业科学研究所④粮作物室副主任
- 1978 第五届人大代

1981.3	苏农科院⑤院长、党组书记
1982.6	中国农科院院长
1982.9	中共第十二届中央委员会候补委员
1983.5	中国农学会会长
1983.9	农牧渔业部党组成员、中国农科院院长
1983.10	农牧渔业部科技委副主任
1987.10	中共"十三大"代表
1992.6	入选大陆首批著名科学家代表团访问台湾
1993.6	国家食物与营养咨询委员会主任
1994.6	当选中国工程院首批院士，任中国工程院副院长
1998	中国农业专家咨询团主任
2005.12	农业部专家咨询委员会副主任
2009	新中国60周年"三农"模范人物
2013.11	中国农科院、中国工程院举办卢良恕学术思想研讨会（90寿辰纪念）
2017.1.4	在北京逝世

---

① 现为浙江湖州。

② 1950年2月，在原中央农业实验所基础上成立华东农业科学研究所。

③ 1958年6月，华东农业科学研究所更名为中国农业科学院（简称"中国农科院"）华东农业科学研究所；1959年5月，中国农科院华东农业科学研究所更名为中国农科院江苏分院。

④ 1970年4月，中国农科院江苏分院更名为江苏省农业科学研究所。

⑤ 1977年9月，江苏省农业科学研究所更名为江苏省农业科学院（简称"江苏农科院"）。

目录

第一部分　生平经历　/ 1

第二部分　学术思想摘编　/ 15

　　一、小麦育种与作物栽培　/ 16

　　二、农业科研体制与学科建设　/ 29

　　三、农业区域综合开发　/ 41

　　四、粮食安全底线　/ 56

　　五、三元种植结构　/ 62

　　六、食物结构与膳食营养　/ 69

　　七、现代农业　/ 77

　　八、现代食物观　/ 87

第三部分　工作生活足迹　/ 101

第一部分
生平经历

▲ 儿时的卢良恕（左一）与外婆陆濂洁、弟弟卢良惠

▲ 1937年卢良恕（中）与母亲胡丽安、弟弟卢良惠

20世纪40年代在 ▶
金陵大学求学期间

▲ 1947年金陵大学毕业

第一部分　生平经历

▲ 1947 年 5 月大学毕业实习

1952 年在北京 ▶
参加米丘林讲习班

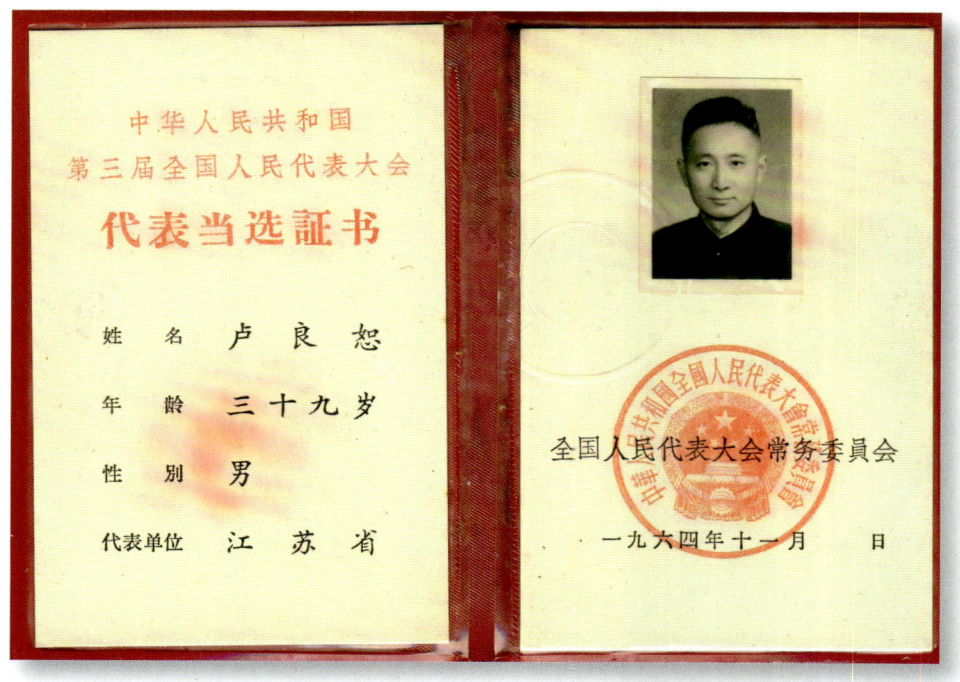

◀ 1964年11月当选中华人民共和国第三届全国人大代表

◀ 1966年春在江苏望亭工作

1978年2月当选中华人民共和国第五届全国人大代表 ▶

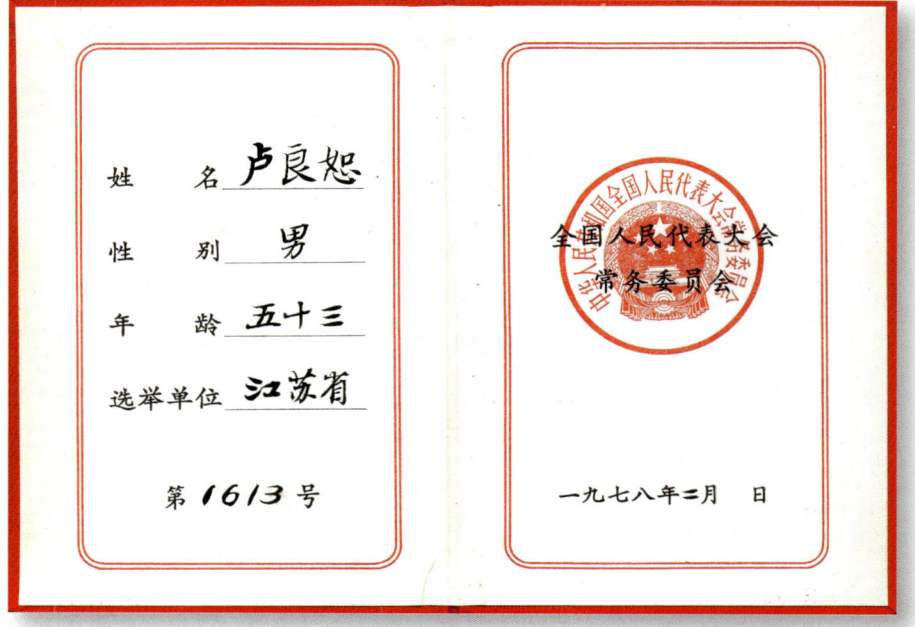

▲ 1981年在江苏考察麦情

▲ 1982年5月在江苏考察小麦生产

▲ 1982年6月赴任中国农业科学院院长

▲ 1982年10月在中国农业科学院办公室工作

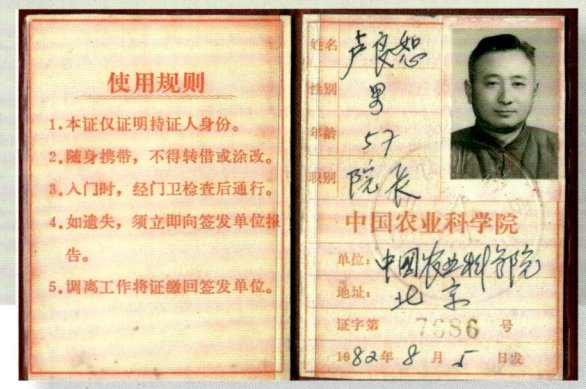

▲ 1982年8月5日发中国农业科学院工作证

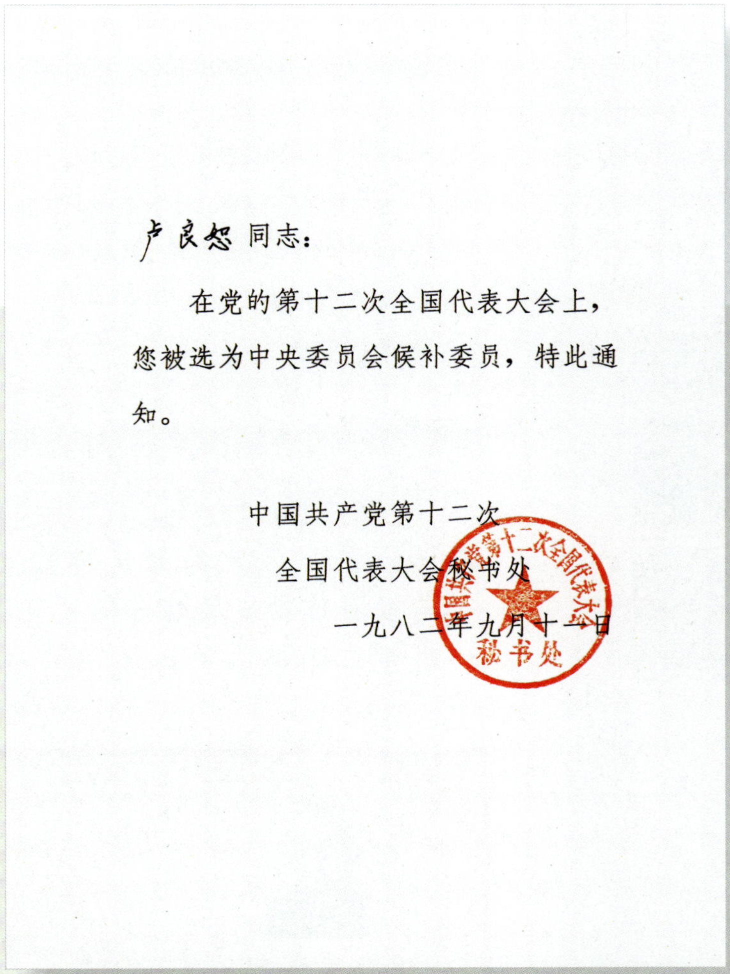

第一部分　生平经历

卢良恕 同志：

在党的第十二次全国代表大会上，您被选为中央委员会候补委员，特此通知。

中国共产党第十二次
全国代表大会秘书处
一九八二年九月十一日

▲ 1982年9月当选中共中央委员会候补委员

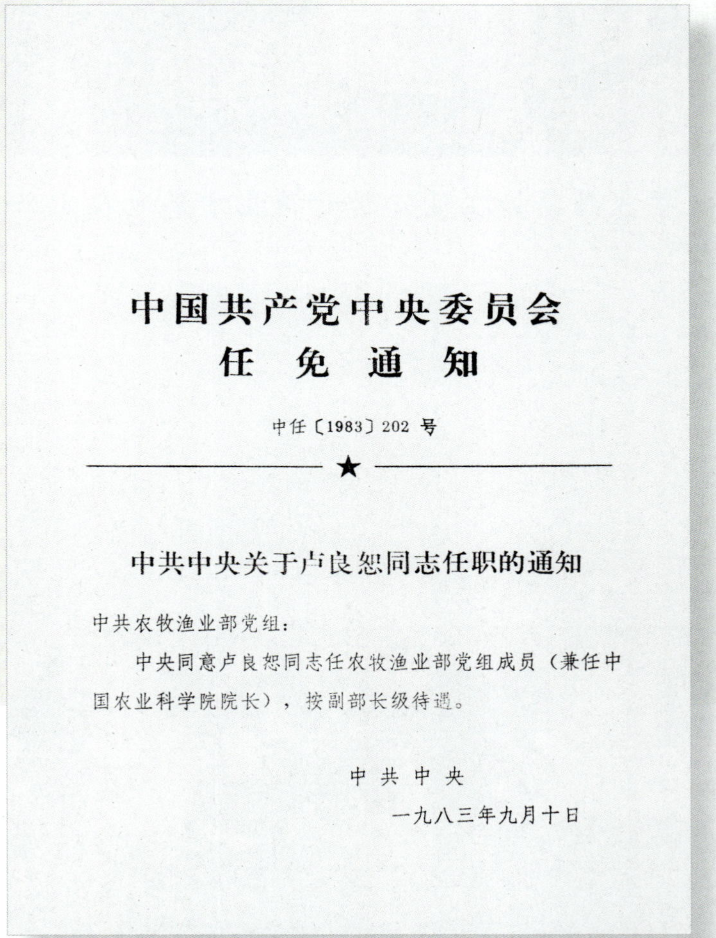

中国共产党中央委员会
任 免 通 知

中任〔1983〕202号

中共中央关于卢良恕同志任职的通知

中共农牧渔业部党组：

中央同意卢良恕同志任农牧渔业部党组成员（兼任中国农业科学院院长），按副部长级待遇。

中共中央
一九八三年九月十日

▲ 1983年9月中共中央关于卢良恕任农牧渔业部党组成员的通知

▲ 1983年3月参加在延安召开的北方旱地农业工作会

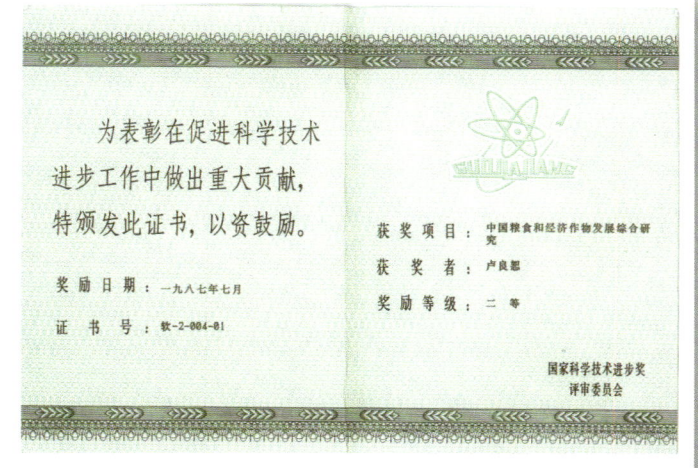

▲ 1987年7月卢良恕主持的《中国粮食与经济作物发展综合研究》获国家科技进步二等奖

▲ 1986年4月在山东胶东地区考察小麦生产

▲ 1987年10月当选中国共产党第十三次全国代表大会代表

第一部分　生平经历

▲ 1989年4月在四川攀西地区考察

▲ 1991年10月国务院政府特殊津贴

▲ 1989年在中国水稻研究所落成典礼上

▲ 1992年6月赴台交流期间于右任之子于望德赠送的书法条幅

▲ 1993年12月卢良恕主持的《我国中长期食物发展战略研究》获国家科技进步二等奖

▲ 1994年5月选聘为中国工程院首批院士

第一部分　生平经历

▲ 1999年国庆50周年庆典受邀观礼

◀ 1994年6月任命为
中国工程院副院长

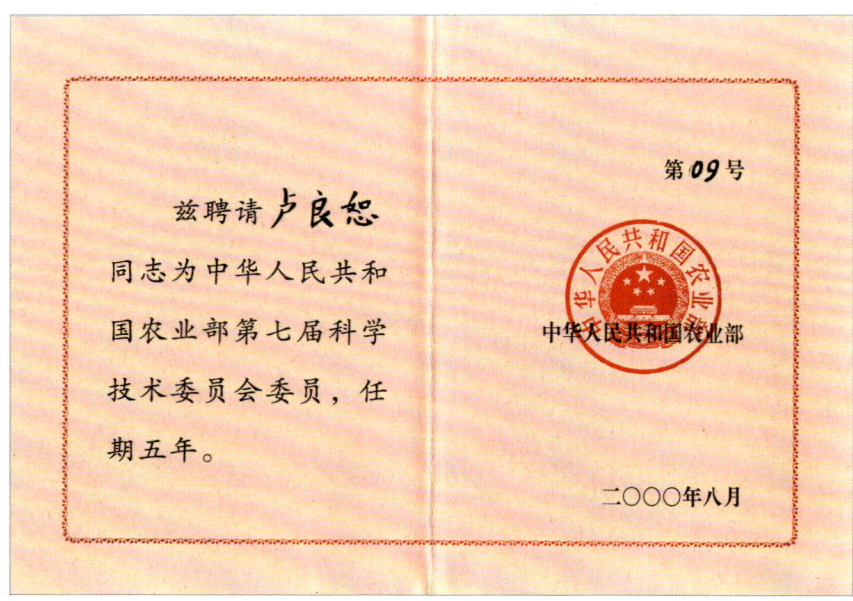

◀ 2000年8月受聘为农业部第七届科学技术委员会委员

▲ 2000年8月考察水稻种植

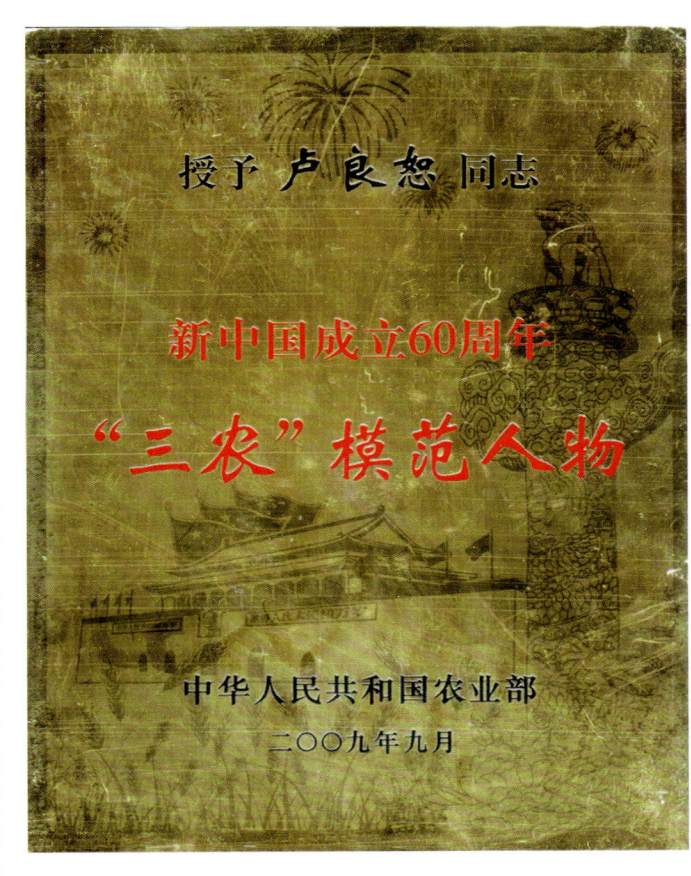

▲ 2009年9月被授予新中国成立60周年"三农"模范人物

▲ 2013年11月在卢良恕学术思想研讨会上

▲ 生活中慈祥的智者

一、小麦育种与作物栽培

二、农业科研体制与学科建设

三、农业区域综合开发

四、粮食安全底线

五、三元种植结构

六、食物结构与膳食营养

七、现代农业

八、现代食物观

第二部分

学术思想摘编

一

小麦育种与作物栽培

◉ 育成华东系列小麦品种

长江下游小麦地方品种冬性程度依纬度高低而变化

长江下游地区的小麦地方品种都属弱冬性的类型，也有少数冬性品种，其冬性程度也依纬度及地形的高低而转移。光照阶段对日照长度的反应是不敏感的（14 小时光照下较 10 小时提早抽穗 0～15 天）。一般是早熟种及中早熟种，生育期 195～205 天；植株生长繁茂，分蘖力较强；有一定抗寒力；赤霉病较轻。但其共同缺点是都感染 3 种锈病，大都籽粒小，茎秆柔软，不耐肥，而且也有混杂退化现象。

《长江下游小麦地方品种的初步研究》
（《华东农业科学通报》1957 年 7 月号）

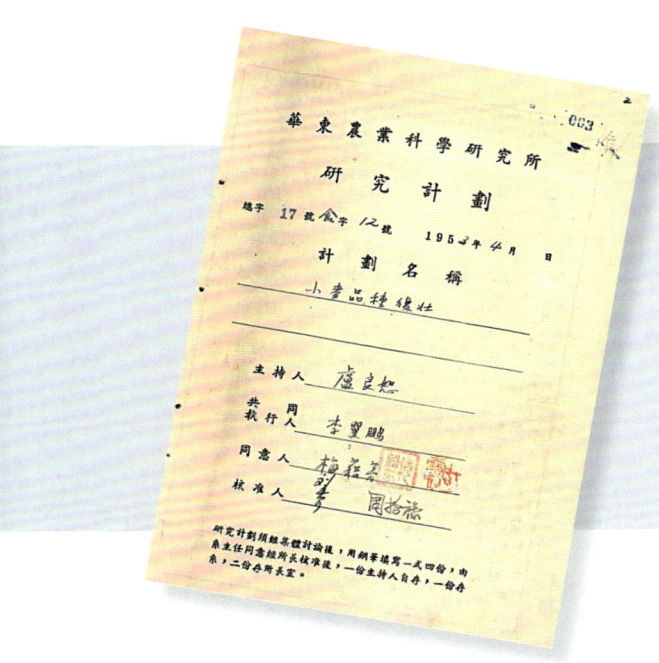

▲ 1953 年 4 月
小麦品种复壮研究

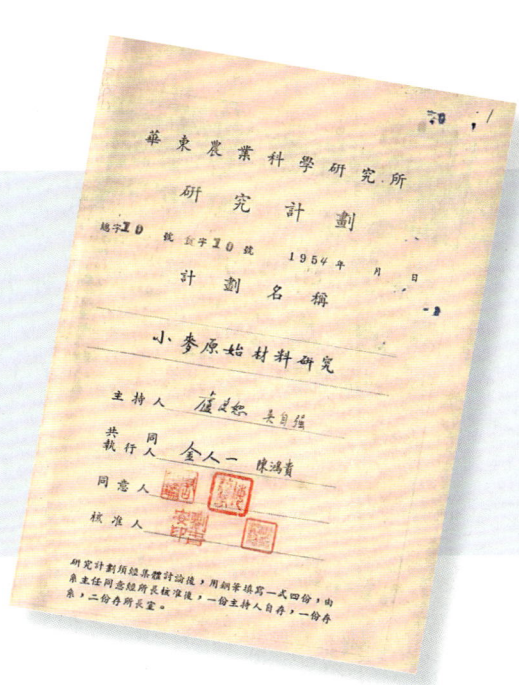

▲ 1953 年 4 月
小麦原始材料研究

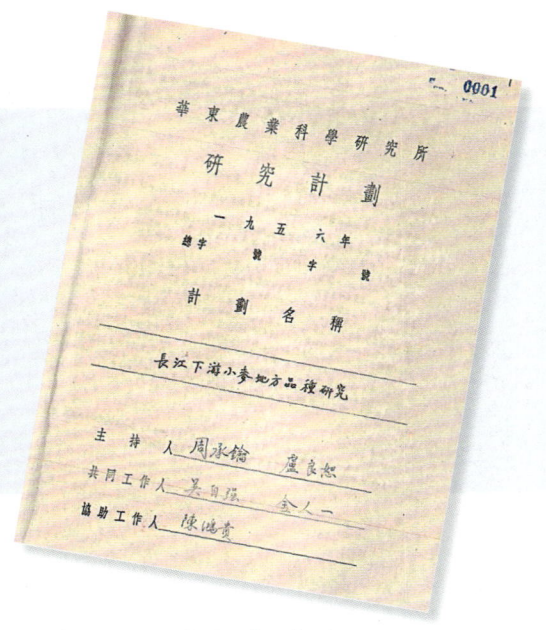

▲ 长江下游小麦地方
品种研究

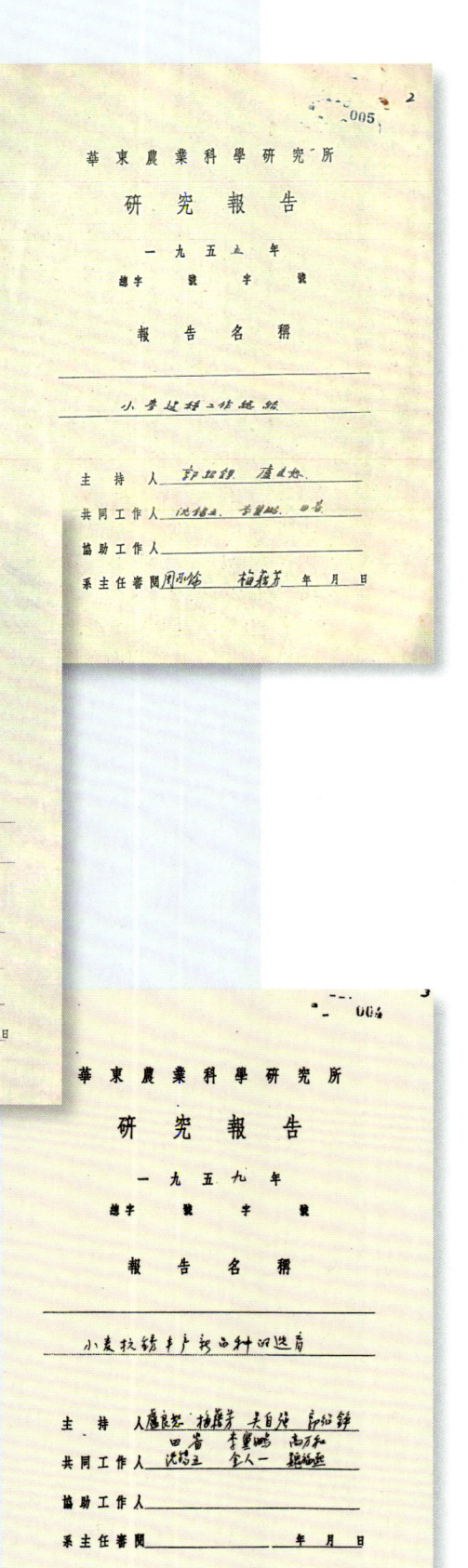

1955年小麦选种工作总结

▲ 1955年小麦原始材料研究报告

小麦抗锈丰产新品种的选育研究报告

长江下游小麦地方品种分早熟及中熟两大类型

长江下游地区的小麦地方品种，大致可分为早熟类型及中熟类型两大类。中熟类型中又包括两类，一类以纺锤形穗形为主，另一类以棍棒形穗形为主。

《长江下游小麦地方品种的初步研究》
（《华东农业科学通报》1957年7月号）

早熟农家种秆软易倒、千粒重小

长江两岸的稻麦两熟地区中稻比重很大，需要早熟小麦品种，而这些地区目前的小麦早熟品种主要有两种类型，一种是3月黄，另一种是菜籽黄。这些早熟农家种的共同特点是成熟早，耐湿性较强，一般可躲过秆锈及赤霉病的严重危害，但是共同的缺点是秆软易倒伏，千粒重小（23～25克），丰产性差，产量不高。这类地区迫切要求早熟、抗锈、丰产性较好的新品种。

《小麦抗锈丰产新品种的选育》
（《华东农业科学通讯》1960年2月号）

"华东 6 号"高抗 3 种锈病

根据两年的试验结果,华东 6 号在中稻的稻麦两熟地区可以大量试种,因为它的成熟期和 3 月黄一样(南京常年在 5 月 27 日左右),高度抵抗 3 种锈病,茎秆韧性大,不易倒伏,而且籽粒大,产量比各地的早熟种高,可以在需要早熟小麦品种的地区推广。

《小麦抗锈丰产新品种的选育》
(《华东农业科学通讯》1960 年 2 月号)

"华东 6 号"为品种间杂交育成品种

华东 6 号是一个品种间杂交育成的品种,其母本为相当丰产、高度抗锈、但是比较晚熟的春性的选系 5042(骊英 1 号 ×P225),前期发育较短,后期发育较长;父本为本地最早熟但不抗锈、籽粒小、秆软易倒、产量较低的弱冬性品种江东门,前期发育较短,而后期发育也短。1951 年人工杂交之后,经过 2 年杂种圃,3 年选种圃,3 年鉴定圃和品比试验,3 年区域试验,于 1961 年在江苏淮河以南地区开始推广。

《就新品种华东 6 号试论小麦早熟品种选育问题》
(1962 年 11 月)

▼ 1962 年在江苏省农业科学院水稻实验田考种

⦿ 小麦冻害研究

冻害后仍潜在的后生分蘖遇气候转暖仍会萌发

1953年4月12日的春霜是寒潮侵袭的末尾结合辐射散热而形成的。这时的小麦一般正在拔第三个节间（雌雄蕊分化期），受冻普遍严重。冻害后已潜在的幼芽滋长，形成多数后生分蘖，这些分蘖多系年前已形成的潜芽，所以在4月12日冻害后，一遇气候转暖，立即一致萌发。确保这些后生分蘖的健旺就是争取麦收的关键。

《安徽宿县小麦春霜冻害调查报告》
（《华东农业科学通报》1953年第1号）

霜前小麦发育相是春霜冻害差异的基本因素

春霜冻害的程度是与品种、栽培技术及局部环境有关的，但霜前的小麦发育相与麦田间的局部气象条件（特别是麦田内低温垂直分布）是归纳各种春霜冻害程度差异的基本因素。

《安徽宿县小麦春霜冻害调查报告》
（《华东农业科学通报》1953年第1号）

宿县地区晚霜多发

1954年4月20日晨，宿县地区继1953年霜害之后又遭春霜侵袭，麦苗受到一定程度的危害。从宿县专区农场最近14年来（1940—1954年）的测候记录知道，晚霜发生在4月里的共有7次，而从1951—1954年连续4次都是发生在4月中旬，其中以1953年4月12日的1次低温度最强，又以今年的一次发生的时间最晚。根据在这次降霜过程中和霜后检查麦苗受冻情况看出：这次霜害的性质和危害方式基本上和1953年4月12日的霜害相同，只是小麦的受冻程度较轻。

《安徽省宿县地区1954年4月20日春霜冻害调查》

（《华东农业科学通报》1954年第6号）

麦苗发育程度是霜害轻重的基本因素

影响霜害轻重的因素随着麦苗发育程度、播种期、品种特性、土壤类型、地势高低、地力肥瘦、播种密度及局部环境等为转移，而各个因素之间又彼此相联系，互相影响。通过今年的调查，更明确了麦苗发育程度及霜的特点，是决定霜害轻重的基本因素。

《安徽省宿县地区1954年4月20日春霜冻害调查》

（《华东农业科学通报》1954年第6号）

⊙ 栽培与耕作制度

推行选种是提高产量的重要措施

推行选种是提高产量和防止品种退化的重要措施,但在小农经济基础上,因条件限制,难于普遍进行。组织起来的社、组,劳动力可以统一调配,有条件改进生产技术,进行选种工作。宿县符北乡王志业合作社与黄继昌合作社今年都重视了选种,在麦收前研究了选种计划、选种技术,分了工,结果均完成了选种工作。

《安徽省宿县地区小麦生产技术调查报告》
(《华东农业科学通报》1954年第6号)

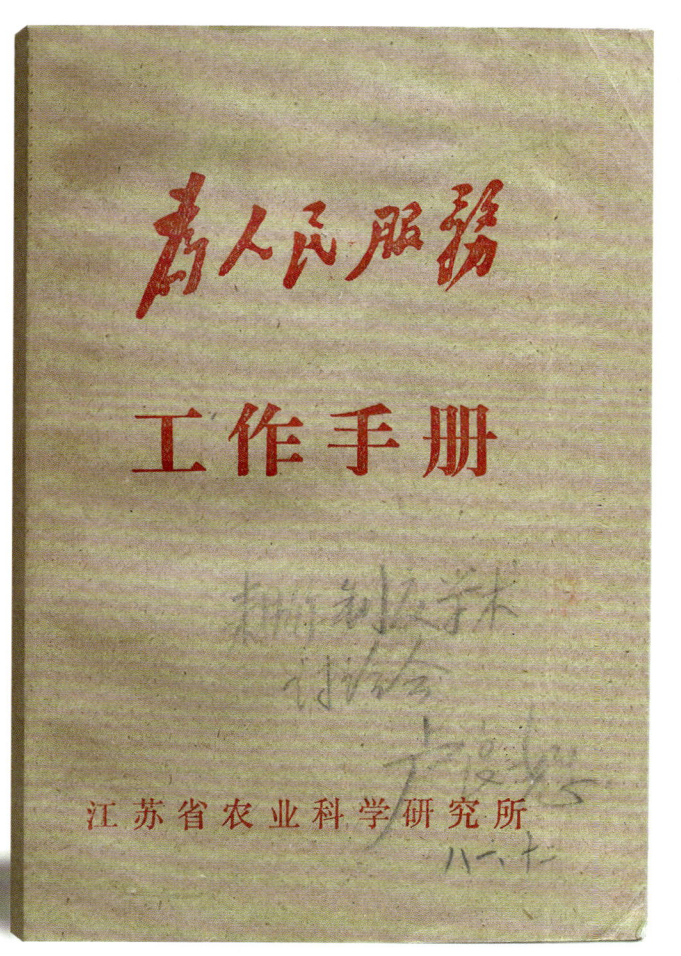

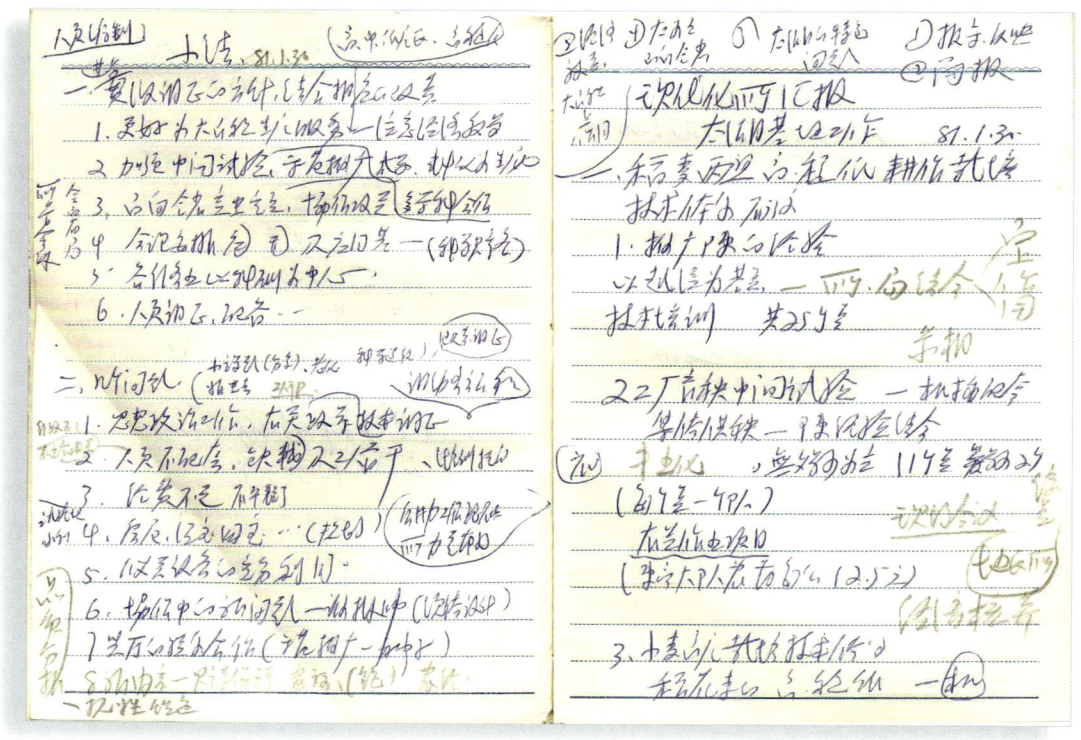

◀ 耕作制度研究工作笔记

一、小麦育种与作物栽培

▲ 1965年1月13日在涟水李集公社李集大队薛庄生产队

改善土壤结构是最基本的技术环节

从以上小麦5个增产关键问题来看，在这个地区增施肥料、改善土壤结构是农业技术中最基本，也是最重要的环节，这个基本工作需要从现在轮作方法中逐步插入绿肥着手，在农民逐渐组织起来的情况下，有希望逐渐发展绿肥种植，同时大力运用争取全苗、合理密植、选用良种、防治病虫害等技术措施，对逐步提高单位面积产量是十分重要的。

《安徽省宿县地区小麦生产技术调查报告》
（《华东农业科学通报》1954年第6号）

匀播密植会增加产量

南方稻麦两熟地区气候温和，土壤比较肥沃，是适合小麦生长的，但由于地形及轮栽制度复杂，小麦的耕作情况也是多种多样的。目前提高两熟地区的小麦产量，除做好开沟排水，选用早熟抗病品种和增施肥料，合理培养地力外，特别需要改变整地播种太粗放的情况。如在点播和条播方面应缩小穴距，加宽畦头；采用宽畦横条播的方法等。从以上实例来看，凡是改进了播种方法，做到匀播密植，都大大增加了产量。

《南方稻麦两熟地区小麦播种问题》
（《农业科学通讯》1955 年第 11 期）

要建设"海绵田""荷包田"

针对里下河地区大多数土壤黏重、地下水位较高的特点，要重视土壤改良，加深耕作层，增施有机肥，实行粮、棉、油、肥合理轮作换茬，培厚土层，改善土壤耕性，培肥地力，建设"海绵田""荷包田"。

《关于扬州里下河地区作物轮作布局的调查报告》
（《江苏农业科技》1975 年第 4 期）

一、小麦育种与作物栽培

耕层变浅影响作物根系生长

由于耕层变浅，老耕层翻不到，晒不着，并处于渍水的情况下，有机物质还原，土壤呈青灰色。质地紧实细密，不透水、不通气的犁底层增厚上移，阻障水分垂直渗漏和土壤物质更新，影响作物根系生长。

《苏州、镇江地区耕作制度的一些问题和意见》
（《江苏农业科技》1977年第4期）

▲ 耕作制度学术研讨会 1981 年

土壤土隙闭合造成稻麦僵苗不发

由于经常水耕水耖,分散的细土粒随水下移填满了孔隙,土壤长期泡水膨胀造成土壤土隙闭合,使土壤发僵,通透性变差,造成作物根系活力降低,稻麦迟发,甚至僵苗不发。

《苏州、镇江地区耕作制度的一些问题和意见》
(《江苏农业科技》1977年第4期)

土壤迟发使氮素积累于籽实的比率减少

农田长期淹水,土壤气、热条件差,有机质不易分解,矿物养分释放也缓慢。特别是早稻前期温度低,迟发问题更突出。土壤迟发,也使氮素化肥的利用率降低,氮素积累于稻草的比率增加,而用于籽实的比率减少(改制前,单季稻稻草含氮量为0.5%～0.6%,现在则在1.0%左右)。

《苏州、镇江地区耕作制度的一些问题和意见》
(《江苏农业科技》1977年第4期)

耕作制度和作物品种布局是全局性措施

建立合理的耕作制度和作物、品种布局,是发展农业生产的一项带有全局性、战略性的措施。苏州、镇江两地区,自1968年起逐步将稻麦两熟改为双季稻和三熟制。几年来,在不断改善生产条件的基础上,发展双三熟制,提高复种指数,并加强肥水管理,对促进农业增产收到了显著的成效。

《苏州、镇江地区耕作制度的一些问题和意见》
(《江苏农业科技》1977年第4期)

农田水利建设要"三配套""三分开"

多年实践表明,解决北旱南涝,是实现高产稳产的关键。无论北方南方,在农田水利建设上都要做到三配套、三分开。三配套是:沟、渠、路、林、桥、涵闸配套;干、支、斗、农、毛灌渠配套;大、中、小、毛、腰、墒沟配套。三分开是:水旱分开;灌排分开;高低分开。

《高速度发展我省三麦生产的几个技术问题》
(《江苏农业科技》1978年第5期)

向空气要氮,向光要粮

低产地区增施有机肥是培肥地力、提高产量的根本途径。低产田除有机质缺乏、土壤结构较差以外,耕作层浅,土壤中速效氮、磷不足,是影响三麦产量的主要因素。解决肥料不足问题,提高作物产量,除积极发展养殖业外,充分利用生物固氮,提高光能作用,向空气要氮(空气中含氮达79.2%),向光要粮,是最节约的好方法。

《高速度发展我省三麦生产的几个技术问题》
(《江苏农业科技》1978年第5期)

要确立饲料绿肥在轮作中的地位

建立合理的耕作制度,逐步实行适当的专业化、区域化生产。我省热量资源是允许在全省不同地区分别实行两熟制、两年五熟制与三熟制的。多熟高产是适应我省气候特点和农业发展方向的。为了促进农牧结合、用地与养地结合,要确立饲料、绿肥在轮作布局中的地位和比重,以适应农牧业生态平衡的需要。

《关于发展江苏农业生产的设想和建议》
(《江苏农业科学》1981 年第 4 期)

二

农业科研体制与学科建设

⊙ 基础研究与应用研究

国家农业科研机构应以应用基础研究和应用研究为主

应用基础研究、应用研究和开发研究需要合理安排。国家一级的农业科研机构应以应用基础研究和应用研究为主，要重视农业生产上战略性、关键性、基础性和方向性的科学研究。如农作物种质资源研究，是育种工作的基础。要选育出突破性的良种，必须重视种质资源的研究。还要重视宏观的、综合性的开发研究。

《开创农业科研的新局面》
（《科研管理》1983年第1期）

▲ 20世纪80年代初出席中国农科院会议

要加强边缘科学和新兴技术的应用研究

如何处理旱地农业与灌溉农业、粮食作物与经济作物的关系以及农林牧结合、旱、涝、沙、碱、薄的关系等问题。从根本上看，一是水的问题，二是旱涝碱薄，最主要是薄的问题，土壤缺少有机质，缺磷少钾等等，都是宏观的问题。我们要加强边缘科学和新兴技术的应用研究，探索新理论、新方法、新技术，用以指导农业科研工作的新发展。

《开创农业科研的新局面》

（《科研管理》1983年第1期）

▲ 1986年4月在山东调研农业科技体制改革和小麦生产情况

把现有好的品种全面整理出来，良种良法配套

要把选育、区试、繁殖、推广四个方面配套起来，否则有好品种也不能发挥作用。要走挖潜、提高、创新的路子。挖潜是把现有好的品种全面整理出来，因地制宜，合理布局，良种良法配套；提高是把大量的半成品拿出来搞联合试验，争取三五年内在生产上起作用；创新是不容易的，如南方水稻亩产千斤左右，要求能耐后期低温和品质好，能抗稻飞虱、抗稻瘟病、抗白叶枯，这么多的要求，一下子搞起来不容易，所以只能分阶段解决。

《开创农业科研的新局面》

（《科研管理》1983年第1期）

▲ 2002年初夏在河南考察小麦新品种试验示范

基础研究突破往往导致农业技术变革

农业科学基础研究对农业经济发展和农业技术进步有着重大的影响。基础研究的突破往往导致农业技术的变革，使农业生产发生飞跃。

《我国农业科学基础研究的现状与展望》
（《科技日报》1989年2月13日）

要超前安排农业科研工作

农业科学是涉及生命科学的一个主要领域，在探索和运用动植物内在活动规律方面，需要花费更长的时间，也更复杂。这就要求针对农业生产的需要，超前安排农业科研工作，以应用研究为主，同时加强应用基础研究和开发研究。

《农业现代化建设与科学技术发展》
（《农业经济问题》1992年第8期）

二、农业科研体制与学科建设

科技兴农必须首先振兴科技

科技兴农必须首先振兴科技，没有科技的振兴，就谈不上科技兴农的发展。我们今天所推广的、成熟的、在生产中应用的适用技术，都是昨天科学研究的成果，明天将要推广的成果还有待于今天系统地深入地进行研究。所以合理和分层次地安排好应用研究、应用基础研究和开发研究是搞好科技兴农的前提。

《农业现代化建设与科学技术发展》
（《农业经济问题》1992年第8期）

◀ 2006年参加河南省小麦新品种观摩会并调研周口市农科院

要形成分工明确的国家地方两级农业科研体制

建设农业科技创新体系必须要深化农业科研体制改革。全国地市以上的科研机构，应该通过调整结构，转换机制，分类指导，建立起深化改革的不同模式。要逐步形成层次分明、布局合理、分工明确的国家和地方两级农业科研体制。要大力加强农业技术推广工作，建立农业知识、技术转化的新体制。要建立与农业科技创新体系相适应的科技计划体制和科技管理体制。

《建设农业科技创新体系 加快农业现代化进程》

（《求是》2000年第8期）

▲ 1993年9月在郑州河南农科院考察

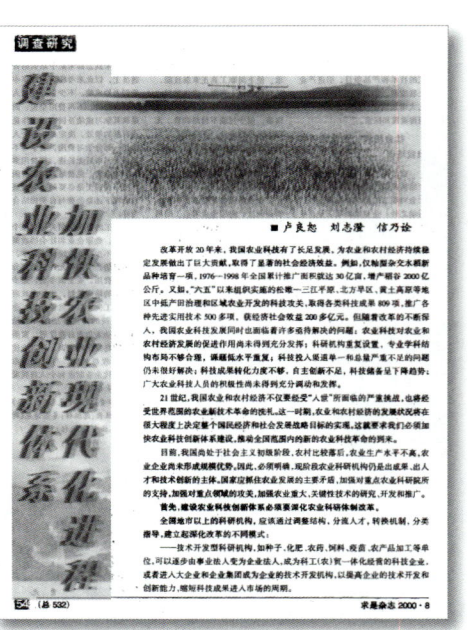

科研队伍要精干化

建立适应社会主义市场经济、符合农学基础科学自身规律的国家和地方两级科研体制；科研队伍要精干化，在不断流动中保持相对稳定；精选符合国情的优先发展领域，正确处理重点与非重点的关系；改善科研工作条件，提高投资强度；打破部门封闭、论资排辈等旧观念，鼓励开放、流通、联合、竞争机制；加强国际科技合作与交流，使我国农学基础科学研究迅速走向世界。

《农业科技与发展》

（河北教育出版社，2003年）

▲ 1986年4月与山东省副省长陆懋曾一起考察山东农科院

▲ 1987年夏与国际水稻所（IRRI）签署合作协议

基础性研究、应用研究和开发研究是缺一不可的动力

坚持基础性研究、应用研究和开发研究合理配置不动摇。农业科学是以有生命活动生物为研究对象,以解释植物、动物和微生物的生长发育规律及其与外界环境的关系为主要任务,具有完整的科学体系。基础性研究、应用研究和开发研究,是推动农业和技术发展缺一不可的动力。

《中国农业发展理论与实践》
(江苏科学技术出版社,2006年)

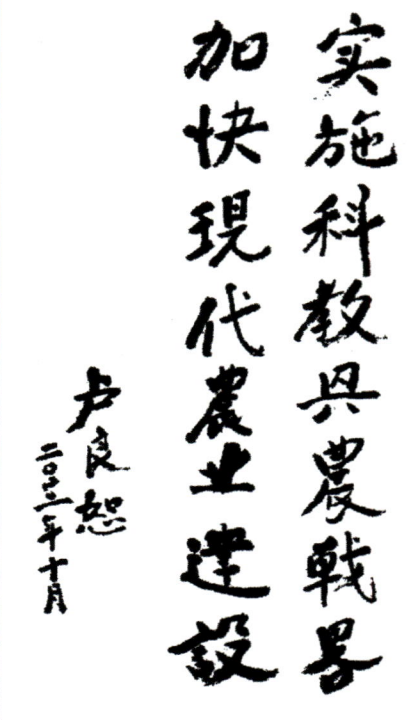

▲ 2003年10月为河南农业职业学院题词

▲ 卢良恕院士《中国农业发展理论与实践》出版座谈会

◉ 农业学科建设

要加强农业基础学科的发展

研究所的名称应体现专业学科特点。要加强农业基础学科的发展，国家攀登计划、国家自然科学基金立项，国家重点实验室的建立，要侧重于生物遗传学、动植物生理学、生态学、动植物病理学、农业昆虫学、动植物营养学、农业土壤学、农业微生物学等学科。

《对深化农业科技体制改革的几点建议》
（《科技日报》1998 年 3 月 21 日）

▲ 20 世纪 90 年代中期与庄巧生探讨小麦学科发展

重视发展新兴学科

农业基础学科的发展代表着国家农业科研和农业教育的水平，也是重要的科技储备。要重视发展一些新兴学科，包括农业生物技术、核农业、农业信息技术等。根据农业科学综合化的发展趋势，要重视综合学科的发展，包括农业发展经济学、农业环境科学、农业系统工程学等。

《对深化农业科技体制改革的几点建议》
（《科技日报》1998 年 3 月 21 日）

必须加快农业科技创新体系建设

21世纪，我国农业和农村经济不仅要经受"入世"所面临的严重挑战，也将经受世界范围的农业新技术革命的洗礼。这一时期，农业和农村经济的发展状况将在很大程度上决定整个国民经济和社会发展战略目标的实现。这就要求我们必须加快农业科技创新体系建设，推动全国范围内的新的农业科技革命的到来。

《建设农业科技创新体系 加快农业现代化进程》
（《求是》2000年第8期）

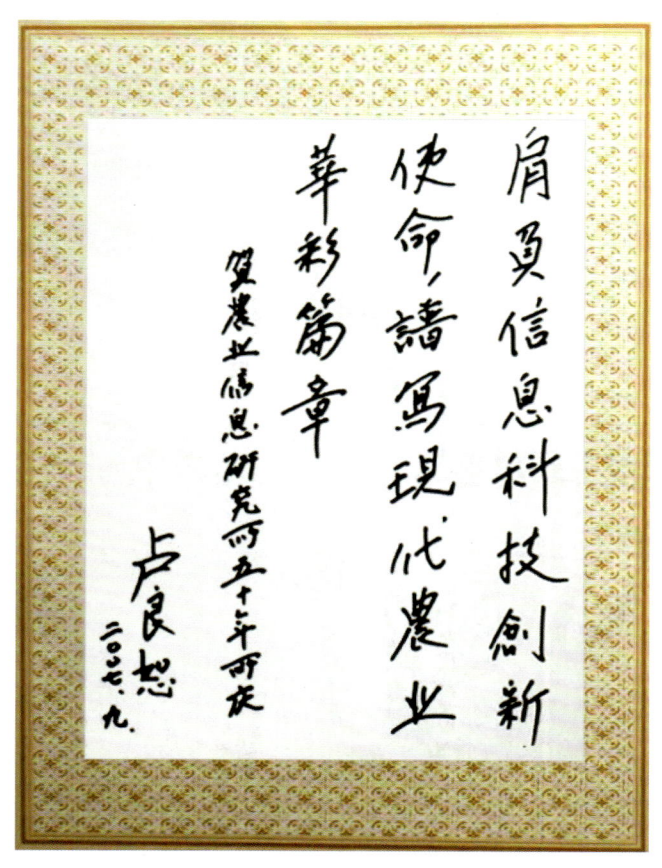
▲ 为中国农业科学院农业信息研究所建所50周年题词

▲ 1989年10月在杭州参加中国水稻研究所落成仪式

农业科研机构缺乏整体性

从中央到地方农业科研机构整体结构松散,缺乏必要的组织协调与业务指导,缺乏整体性。我国农业科研机构由农业、林业等部门所属的国家农业科研机构、各省(区、市)农业科研机构、教育部和地方所属农业高等院校、中国科学院相关科研机构等4个方面军组成。由于各自分属同级部门并与之形成紧密的行政依附关系,在这种体制格局下,农业科研机构作为一个整体相互关系显得十分松散,各级农业科研机构之间只有一般性的业务往来,而缺乏必要的组织协调和业务指导。这种状况不利于资源的有效配置,也不利于研究解决农业和农业科技中的重大问题。

《中国农业发展理论与实践》
(江苏科学技术出版社,2006年)

▲ 1988年在杭州出席中国水稻所理事会会议

坚持农业科技机构公益性为主的定位不动摇

坚持农业科技机构实行分类指导、以公益性为主的定位不动摇。农业科学不同于工业科学技术，它所获的科技成果，有物质形态的产品，又有知识形态和信息形态的非物质性成果，有些产品很难受到专利和知识产权的保护，况且即使受到保护也不应该"待价而沽"。所以，世界上无论发达国家还是发展中国家，都把农业科研机构作为公益性机构。

《中国农业发展理论与实践》

（江苏科学技术出版社，2006年）

▲ 1983年调研农业科研体制改革

农业区域
综合开发

⊙ 区域农业

农业综合开发是由粗放向集约转变的重要手段

农业综合开发是农业生产从粗放经营向集约经营转变的重要手段。农业综合开发要坚持资源开发利用和治理保护结合的方针，以市场为导向，以效益为中心，按照种养加、产供销、贸工农一体化经营的原则，采取公司加农户，基地加农户等方式，进行专业化生产、社会化服务、企业化管理，推动农村区域性支柱产业的形成和发展，使小生产走向大市场，促进农业产业化。

《福建农业——走好综合开发之路》
（《福建通讯》1996年第2期）

▲ 1987年5月在江苏省赣榆县考察

▲ 1995年11月在福建考察农业综合开发

2001年11月参加浙江嘉善院士行活动 ▶

三、农业区域综合开发

◀ 1986年10月21日湖南省大庸市武陵山区农业农村发展战略讨论会上发言

◀ 1989年5月在四川省攀西地区考察山区农业发展

◀ 1992年7月在西藏进行一江两河流域农业发展考察

◀ 2005年与何康（农业部原部长）等考察攀枝花市芒果基地

山区开发建设要走综合发展的路子

山区开发建设要走综合发展的路子。山区情况复杂，问题多，客观影响山区发展的因素也多。山区开发首先要从整个国土整治、保护生态环境出发，它是一个多学科、多部门、多行业的系统工程。开发山区农业在战略措施重点上，决不能单打一，要因地制宜，统一规划。总体来讲，可以林草为主，农林牧结合，种养加并举，山水田林路综合治理，重点突破，优化开发。

《我国山区农业的特点、潜力与发展战略》
（《中国农学通报》1990年第2期）

要发展优势拳头产品和多种经营

要把发展优势拳头产品、多种经营作为山区农业振兴的经济战略。在不影响粮食自给基础上，把发展当地优势拳头产品作为突破口。发展拳头系列产品和多种经营：要了解自己资源优势；要有广阔的市场；要正确估计资源丰富度；要有必要的技术力量；要有积累资金的可能；要注意带动其他行业同步发展，不能顾此失彼；要与山区能源、交通条件相适应。

《我国山区农业的特点、潜力与发展战略》
（《中国农学通报》1990年第2期）

◉ 旱地农业

从单纯强调旱改水转向灌溉与旱地农业并重

发展北方旱地农业，确定指导思想和发展方向是一个重要问题。我们认为，当前发展北方旱地农业的指导思想，应当是从单纯强调旱改水，发展灌溉农业，转向灌溉农业和旱地农业并重，以旱地农业为主；从单纯依靠工程措施，转向工程措施和生物措施相结合，以生物措施为主；山、水、土、草、林、田综合治理，农、林、牧、副全面发展。总的方向应当是：在贯彻"决不放松粮食生产，积极发展多种经营"的方针指导下，因地制宜发展种植业、养殖业、林果业和多种经营，以林（草、灌木）护农，以牧促农，农林牧结合，实行农林牧工副综合发展，不断提高经济效益，努力开创旱地农业的新局面。

《论我国北方旱地农业发展战略和措施》
（《农业技术经济》1983 年第 9 期）

◀ 1983 年在西北考察旱作农业

旱地农业蕴藏着巨大的增产潜力

正确处理灌溉农业和旱地农业的关系。我国北方旱地农业生产的主要限制因素是旱、粗、薄，核心是干旱。因此，发展北方旱地农业，要在继续加强水利建设，提高经济效益的同时，采取"水路不通走旱路"。要从单纯强调旱改水发展灌溉农业，转向在继续搞好水利建设的同时，着重抓好旱作农业；从单纯依靠工程措施，转向工程措施和生物措施相结合。忽视灌溉农业是不对的，而不重视旱地农业更是不应该的。旱地农业蕴藏着巨大的增产潜力。

《关于加强我国北方旱地农业科技工作的意见》
（卢良恕在延安召开的北方旱地农业工作会议上的报告，1983年8月3日，收录于《卢良恕文选》，中国农业出版社，1999年）

▼ 2000年9月在宁夏甘肃考察

⊙ 西南资源金三角

把攀西建设成为支撑新兴工业区的农产品基地

攀西农业综合开发要以优势资源为依托，以安宁河流域为重点，以水利为命脉，以林业为保障，逐步实现农产品部分自给或基本自给。部分经济作物外销出口，把本地区建设成为支撑新兴工业区的重要农产品生产基地。

《关于加快攀西地区农业综合开发的建议》
(《科协情况》1991 年第 37 期)

▲ 1989 年 4 月在四川省攀枝花市米易县考察山区农业发展

▶ 1993 年 7 月与何康、蒋民宽等在攀西地区考察立体农业发展

三、农业区域综合开发

攀西—六盘水农业综合开发事关东西结合、南下出海

攀西—六盘水地区是国家战略上的大三线，加强农业综合开发，不仅使该地区受益，更关系到巩固国防建设，实现我国东西结合、优势互补、协调发展和共同繁荣，关系到增强长江、珠江中下游和东南沿海经济发展的后劲，促进全国工农业经济建设稳定持续发展的关键举措，是国家经济建设由东向西、由西南直接南下出海，实行战略转移的必然。

《加快西南资源"金三角"农业的综合开发》
（《中国软科学》1996 年第 2 期）

▲ 1996 年受聘为四川省攀西农业综合开发顾问

◀ 1987 年 4 月在攀西地区考察立体农业

"治水、治山、兴农、建工、脱贫、扶少"整体统筹

要从工农业协调发展、城乡协调发展、保障城乡供应，防止工农、城乡对立的二元经济全局出发，坚持面向全部国土资源，实行综合开发利用与治理保护相结合，发展农业与农村经济相结合，地上和地下资源综合立体开发相结合，把"治水、治山、兴农、建工、脱贫、扶少"作为整体统筹运作。

《加快西南资源"金三角"农业的综合开发》
（《中国软科学》1996年第2期）

▲ 1990年4月与方悴农等在攀西地区考察

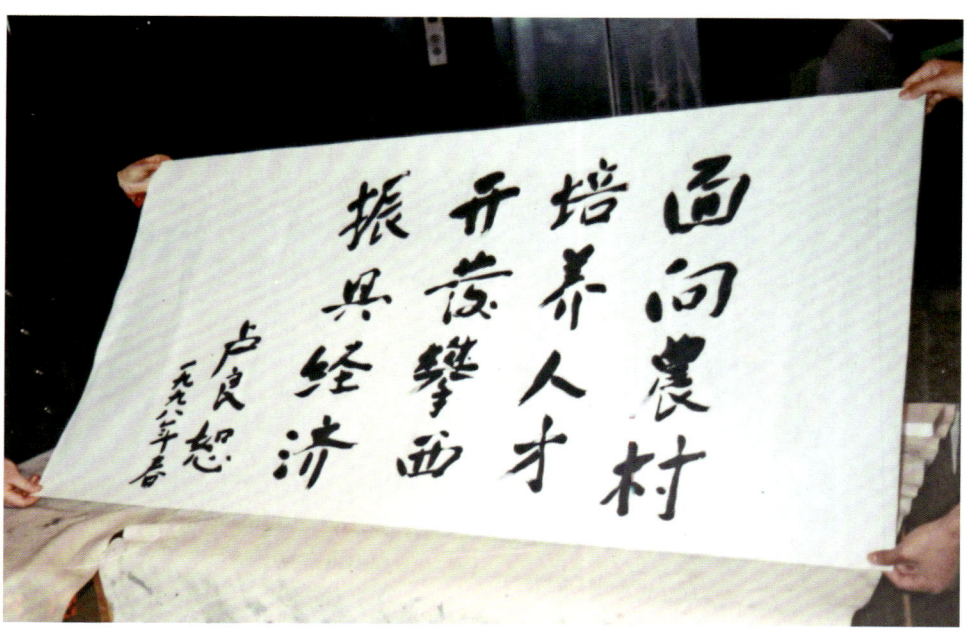

▲ 1998年春为攀西开发题词

三、农业区域综合开发

西南岩溶地区要扶持兴办经济实体

西南岩溶地区要统一规划，通过扶贫资金扶持兴办贸工农一体化，产加销一条龙的扶贫经济实体，或采取公司（企业、集团）+农民的形式，组织千家万户连片开发，形成一定规模的商品生产基地或区域性的支柱产业，进行高附加值农产品保鲜、贮藏、包装、加工、销售的专业化、商品化、系列化生产，以适应国内外市场的需要。这是岩溶贫困地区增加农民经济收入的重要途径。

《中国西南岩溶地区农业发展的问题及其对策》
（《中国贫困地区》1996年第6期）

▲ 1997年10月在贵州六盘水市与朱厚泽一起出席"云贵川"资源金三角农业战略讨论会

立足产业和市场导向才是有效之路

实践证明，立足于当地的优势，以市场为导向，以拳头产品为支柱产业，以商品基地为依托，逐步形成一村一品、一乡一业的格局，加快商品化、规模化、产业化、现代化的进程，这是农业和农村经济可持续发展的有效之路。

《中国西南岩溶地区农业发展的问题及其对策》
（《中国贫困地区》1996年第6期）

▲ 1994年在广西考察丘陵山区扶贫开发工作

⊙ 黄土高原

走粮食、资源、环境协调发展之路

黄土高原地区粮食生产与农业可持续发展的战略是：以市场为导向，因地制宜，实现农、林、牧、草的有机结合，提高综合效益；努力建设高产稳产农田，大力发展节水农业，努力提高粮食自给水平；加快农业结构调整步伐，积极发展多种经营；重视选择好起步产业，大力发展以农副产品为原料的加工业，走产加销相结合的农业产业化之路；大力发展种草植树，治沙改土，改善农业生态环境，走粮食、资源、环境协调发展之路。

《中国农业发展理论与实践》

（江苏科学技术出版社，2006年）

▲ 1989年12月参加在广东韶关召开的全国山区优化开发综合治理研讨会

河西走廊

要十分重视保护河西的生态环境

要十分重视保护河西的生态环境。河西是典型的内陆干旱荒漠区，生态环境十分脆弱，要在总结历史经验教训的基础上合理开发自然资源，促进生态系统良性循环，提高综合生产力。祁连山水源涵养林是河西走廊水源的根本保证，要十分注意保护和恢复；发展农田防护林和防风固沙林，要乔木、灌木结合，充分考虑其生态效益，同时兼顾经济效益和社会效益；保持好天然草场，重视人工草场建设，推广草田轮作，保持草畜平衡，促进农、林、牧有机结合。

《开发河西走廊农业举足轻重》
（《中国科学报》1992年2月14日）

▲ 1995年9月与刘志澄等调研甘肃河西地区农业综合开发

⦿ 黄河三角洲

建立黄河三角洲国家高效生态经济区

鉴于黄河三角洲地处海河陆交汇地区，资源丰富，生态系统独特，战略地位突出，是我国少有的一块宝地，为了充分发挥其各方面优势，变资源优势为经济优势，并集中力量，探索黄河三角洲区域农业优质高产高效与资源环境协调发展的新模式，建议国务院以东营市为中心，建立黄河三角洲国家级高效生态经济区，享受国家沿海开放城市和经济特区的有关政策，加大各方面支持力度，为该地区资源开发与保护创造良好的环境。

▲ 1999年5月参加黄河三角洲高效生态农业开发研讨会

将黄河三角洲高效生态农业项目列入国家有关计划

发展高效生态农业是黄河三角洲实现生态经济协调和农业可持续发展的重要途径，而生态环境建设是发展高效生态农业的根本保障，建议国家发展计划委员会会同有关部门将黄河三角洲列入"全国生态环境建设规划"的首批重点投资项目；国家农业综合开发办进一步加大支持力度；为探索适合于黄河三角洲发展高效生态农业的可行模式与途径，建议农业部将东营市列为"国家高效生态农业示范区"，并对相关项目优先予以支持；林业建设不仅是黄河三角洲发展高效生态农业的基础，而且是我国北方沿海生态屏障的重要组成部分，建议国家林业局将"黄河三角洲生态林业建设工程"列为重点支持项目；工农业用水问题，既是黄河三角洲资源开发和生态建设的前提条件，也是黄河三角洲可持续发展能力建设的核心，建议水利部将黄河三角洲水沙资源开发利用和防洪防潮减灾列为重点水利工程。

> 1999年5月16日，由卢良恕院士领衔的中国工程院、中国农学会、中国农业专家咨询团等单位的40多位专家联合向国务院提出《关于建立黄河三角洲国家高效生态经济区的建议》，得到了中央领导同志及国务院有关部委的高度重视和支持；2001年，九届全国人大四次会议把"发展黄河三角洲高效生态经济"列入国家"十五"计划纲要。

树立黄河三角洲高效生态农业的整体理念

黄河三角洲作为具有特殊机能与结构的系统整体,要实现这一区域的高效生态农业的优先发展,关键是要从全国经济和社会发展的大局出发,发挥东营市的龙头作用,打破行政区划的制约,树立黄河三角洲高效生态农业的整体理念,凭借区域高效生态农业的整体优势和重要影响,通过实施资源置换资本的战略,争取国家政策的支持,吸引国际投资者的注意力。同时,要创造条件,优化整合区域内的生产要素,促进市县间产业分工合理化,发展具有各地比较优势的产业,打响黄河三角洲高效生态农业的品牌。

《中国农业发展理论与实践》
(江苏科学技术出版社,2006年)

▲ 1999年5月受聘为山东省东营市经济顾问

三、农业区域综合开发

▲ 1992 年 11 月在云南考察

由卢良恕领衔的中国农业专家咨询团提交的《关于发展我国立体农业的建议》《把四川攀西地区列为国家农业重点开发地区的建议》《关于加速甘肃省河西地区农业综合开发的建议》《关于将西南资源金三角农业综合开发列入国家九五计划的建议》《关于黄土高原综合开发与治理的建议》《关于西藏"一江两河（雅鲁藏布江、拉萨河、年楚河）"流域农业综合开发建议》等，均获得中央和国务院有关领导的重要批示，并先后被国家相关部门采纳。

四

粮食安全底线

四、粮食安全底线

世界三种膳食类型都以粮食为基础

粮食占有量与粮食消费结构和食物构成有密切的关系。从世界食物构成类型分析：一是发展中国家，人均粮食占有量一般为350公斤以下，70%～90%用于口粮，蛋白质及脂肪缺乏，食物质量不高，是温饱问题尚未完全解决的营养不足类型。二是发达国家，人均占有粮食一般在750公斤以上，70%～90%用于饲料及其他方面的粮食，是一种高热量、高脂肪、高蛋白质的类型。三是以日本为代表的东方膳食为主、东西结合的食物类型，日本人均消费粮食为450公斤，30%以下用于口粮，是一种受到各国重视、较为合理的食物类型。由此可见，人均粮食400公斤以下的水平，难以满足改善人民食物构成的正常需要。

《人均400公斤粮食必不可少》
（《中国农业科学》1986年第5期）

▲ 1986年4月在山东黄县考察小麦生长

▲ 1991年5月在黄淮海地区考察小麦生产

人均400公斤粮食必不可少

我国目前的粮食消费结构，按照近几年的调查材料计算，大致口粮占60%～62%，饲料粮占18%～20%，其他用粮占20%～22%。全国平均每人每天食物供给中的蛋白质接近70克，其中动物性蛋白质所占比重为16%。而1984—1986年全世界平均值为34.3%，发展中国家为21.2%，我国明显低于发展中国家和世界平均水平。我国的粮食中不仅有谷物，还包括薯类和大豆。由此可见，即使实现了本世纪末的粮食生产目标，还要作出很大的努力，通过调整结构来实现动物性食物的需求目标，人均400公斤粮食必不可少。

《人均400公斤粮食必不可少》
（《中国农业科学》1986年第5期）

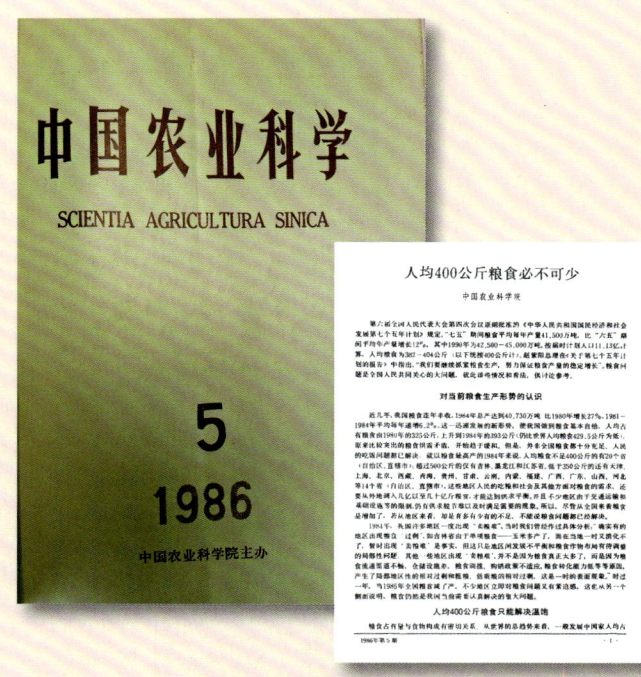

稳住了粮食就能稳住农业和"菜篮子"

农业是国民经济的基础。粮食是基础的基础，这一科学论断已为我国经济、社会长期发展的实践所证实，而且今后较长的历史时期内也不会出现根本性变化。稳住了粮食，就能稳住农业和"菜篮子"，也就能稳住国民经济发展的全局。

《粮食的基础地位不可动摇》
（《人民日报》1989年4月18日第11版）

四、粮食安全底线

1	2
3	4

1　1989年6月在河北考察小麦生产
2　20世纪90年代中后期在青海考察青稞生产
3　1991年6月与庄巧生等在河北香河考察小麦新品种
4　1997年在陕西省延安地区考察小麦生产

把粮食摆在第一位是正反历史的总结

我国的产业政策，把农业作为第一位的基础产业，把粮食摆在第一位，这绝不是一个政治口号，而是农业长期发展的客观规律和我国的战略方针，也是正反两方面历史经验的总结。

《粮食的基础地位不可动摇》
（《人民日报》1989年4月18日第11版）

事实告诫我们粮食这一基础作用不容忽视

粮食的波动是我国农业乃至整个国民经济波动的基本制约因素。建国近40年来，我国粮食生产出现的多次波动已经显示出它的基础作用。凡是粮食生产下降徘徊的时期，农业增长率下降的阶段，一般就是被迫开始采取调整或紧缩政策的时期。1960—1962年的3年困难时期，粮食产量下降到历史最低水平，迫使国家转入紧缩的调整；1972年的经济调整，1980年开始的全面调整，1985年的经济紧缩，1988年下半年开始的经济紧缩和调整，都是以粮食产量下降或徘徊为前导的。反之，凡是粮食大幅度增长之后的年份，一般都是农业和整个国民经济迅速增长的时期。在粮食生产的作用下，我国的农业和国民经济多次出现两个很有规律的循环：一是"粮食短缺—调整—增长—投资向非农产业偏斜和价格扭曲—粮食短缺"的循环；二是"农业停滞徘徊—经济调整—农业上升—重工业偏斜发展—农业停滞徘徊"的循环。如果我们不能保证粮食和农业的持续稳定增长，这两个循环仍将再次出现，迫使国民经济出现过大的波动。历史事实告诫我们，粮食的这一基础作用不容忽视。

《粮食的基础地位不可动摇》
（《人民日报》1989年4月18日第11版）

▲ 20世纪80年代中期在黄淮海地区考察小麦生产情况

四、粮食安全底线

大量进口粮食来改变粮食基础作用是不可行的

由于资源约束等原因,我国粮食供给长期偏紧,而且有些品种结构也需要调剂,进口一定数量的粮食是必要的。但是,如果把大量进口粮食作为一项大规模的替代措施来改变粮食的基础作用,那是不可行的。

《粮食的基础地位不可动摇》

(《人民日报》1989年4月18日第11版)

20世纪90年代中期与李振声等一起在河南偃师考察小麦生产

2002年初夏在河南考察小麦生产

五

三元种植结构

五、三元种植结构

向粮食—饲料—经济作物"三元结构"转变

在保证粮食持续稳定增长的同时，调整种植业结构，逐步由粮食和经济作物为主的二元结构向粮食—饲料—经济作物协调发展，农牧业相结合的三元结构转变。在充分发挥粮食基础作用的同时。面向整个国土，积极开发利用一切可以利用的食物资源，进一步开发广阔的丘陵、山地、草地和水域，大力发展畜牧业和渔业，进而调整食物的生产结构和消费结构，实现小康水平的发展目标。

《粮食的基础地位不可动摇》

（《人民日报》1989年4月18日第11版）

▶ 20世纪80年代中期在内蒙古调研

▲ 1987年5月在江苏农科院小麦试验地考察

▲ 1992年11月考察云南金沙江干热河谷地区农业综合开发

将传统农业转向现代农业观念

按照我国的国情，结合世界农业发展趋势，应尽快实行观念性的转变，包括尽快树立起由粗放经营向集约经营发展的观念；由传统农业向现代农业转变的观念；由传统粮食转变为现代食物的观念；农业种植业由"粮食—经济作物二元结构"转向"粮食—经济作物—饲料作物三元结构"，大力发展饲料作物，促进农牧结合、共同发展，缓解粮食压力的观念。

《正确的选择与实践》

（卢良恕为《解决吃饭问题的战略选择》一书作序，1997年6月5日）

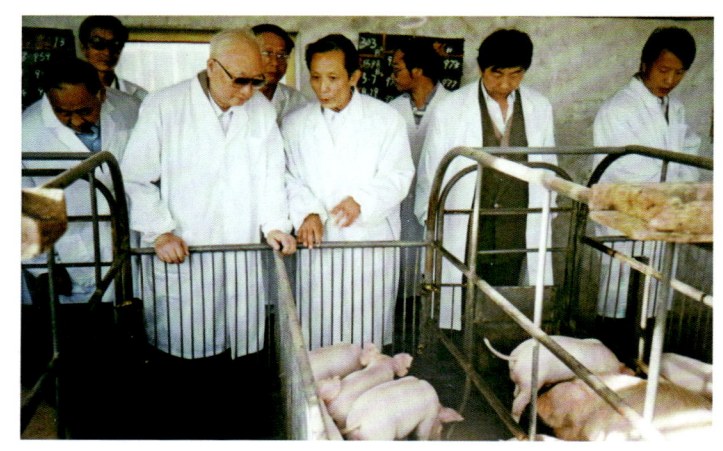

▶ 1995年5月在黄淮海地区考察畜牧业发展

▲ 1995年9月在黄河下游地区考察棉花生产　▲ 1997年5月在陕西考察果业发展

五、三元种植结构

将传统的"粮食"观念转变为现代食物观念

解决我国的粮食问题,要将传统的"粮食"观念转变为现代食物观念,从大量提供动物性食物和非粮食物需要出发,将人畜混粮的种植模式转变为人畜分粮的种植模式,把饲料工业作为一个现代产业来建设,与人们口粮品种调整(如大米需要的增加)、膳食结构优化和养殖业更快发展紧密联系起来,这是实施三元结构工程的关键所在。

《粮食生产须做战略性调整》
(《人民日报》1995年6月5日第11版)

三元结构是一项复杂的大工程

按现代食物观念实施三元结构工程是一项复杂的大工程。要加强对价格结构的宏观调控，逐步调整粮食同工业品的比价，提高粮食生产的比较效益，调动农民种粮积极性。要以多种形式增加对农业生产者的补贴和支持，要采用法规的形式完善国家粮食储备体系及其应有的功能，保证真正起到稳定粮食市场的作用。要重点支持粮食集中产区发展粮食加工业、养殖业和食品工业等高产优质高效农业和二、三产业，全面发展农村经济，增加粮农经济收入。

《粮食生产须做战略性调整》
（《人民日报》1995年6月5日第11版）

▲ 1991年7月在西北地区考察庭院经济

▲ 2001年在河北考察水禽养殖

▲ 我国粮食与经济作物发展问题系列研究

▲ 2004年在河南考察小麦生产

五、三元种植结构

▲ 1996年初夏在攀西丘陵地区考察桑田

人畜共粮转变为人畜分粮的种植模式

要在现代食物观念指导下,调整种植业结构,从大量提供动物性食物和非粮食物需要出发,将人畜共粮的种植模式转变为人畜分粮的种植模式,把饲料工业作为一个现代产业来建设,同人们口粮品种调整、膳食结构的优化和养殖业更快发展等紧密结合,这就需要尽快实施"种植业三元结构工程"。

《用现代食物观念指导结构调整 实现新增粮食一千亿斤》

(《科技日报》1995年10月30日)

由单纯收籽粒调整为收获营养体

实施"种植业三元结构工程",关键是要在粮食集中产区把需要作饲料的现有人吃的粮食品种,调整改种高产优质的饲料作物,利用原来用作生产饲料粮部分的耕地调整种植饲料作物,根据能量和营养标准由单纯收籽粒调整为收获营养体(指作物的生物产量),从充分发挥光热水气资源潜力考虑,建立新的作物种植制度。

《用现代食物观念指导结构调整 实现新增粮食一千亿斤》

(《科技日报》1995年10月30日)

▲ 20世纪80年代考察玉米生产

▲ 1989年9月考察农产品资源综合利用

六

食物结构与膳食营养

综合开发利用各种食物资源

调整我国食物结构应坚持一靠政策、二靠科学、三靠投入，在充分利用现有耕地的同时，面向整个国土，综合开发利用各种食物资源。一是抓紧谷物、豆类等植物性生产，并调整价格，实行集约经营；二是加速发展水产业，向淡水、海洋索取动物蛋白和食品源；三是开发草山、草坡、草原，积极发展畜牧业和其他草食动物；四是利用低山丘陵，开发木本粮油等食物资源；五是发展庭院经济，经营种植业和养殖业；六是充分利用农副产品和工业生产的下脚废料等，扩大饲料生产的来源。

《我国食物结构及发展战略》
（卢良恕1988年9月25日在中国科协学术年会上的报告）

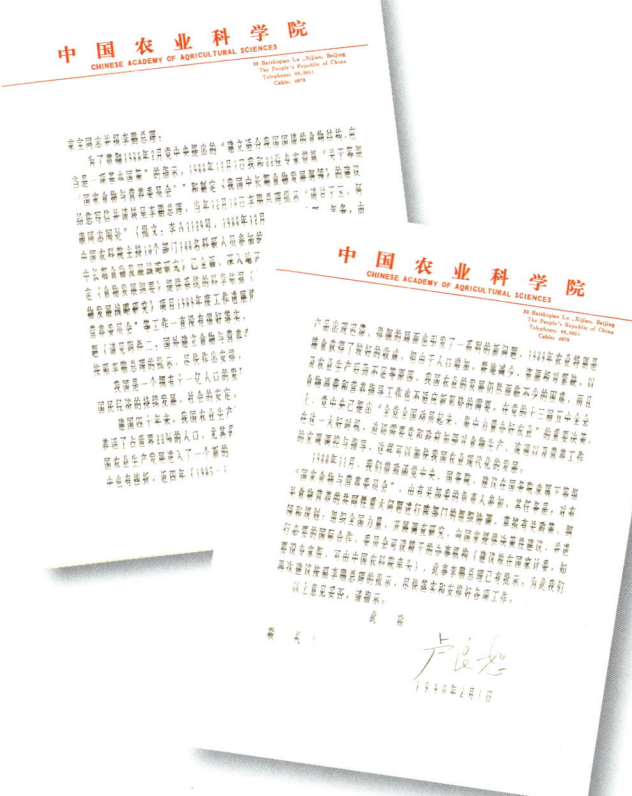
▲ 向中央提出筹组"国家食物与营养委员会的建议"

▲ 1993年12月第一届国家食物与营养咨询委员会主要成员合影

▲ 1993年在山东桓台县参加全国立体农业学术讨论会

六、食物结构与膳食营养

今后重点主要在于增加优质蛋白质

目前，我国人民人均占有粮食 360 多公斤，口粮已基本满足需要，今后改善食物结构的重点和难点主要在于优质蛋白质供给量的增加和来自于动物性食品营养比例的提高。

《改善我国人民食物结构 做好作物品种资源工作》
(《中国科学报》1989 年 11 月 14 日)

▲ 由卢良恕主持完成的《中国中长期食物发展战略》研究于 1993 年 12 月获得国家科技进步二等奖

不能走避开粮食的"先牧后农"迂回道路

改善膳食结构只能走一条经济的、合理的、低代价的改变方式，而不可能走发达国家"集中投入"的道路。改善食物结构的基础应主要立足于 15 亿亩耕地，也就是必须首先在种植业生产特别是粮食生产有充分保证前提下，才有可能逐步改变食物供给状况，而不可能走避开粮食的"先牧后农"或其他迂回道路。

《从我国资源实际出发合理调整食物结构》
(《农村经济》1989 年第 8 期)

调整食物结构必须从国情出发

调整食物结构必须从我国的实际和国情出发，在改善消费的同时，分地区逐步调整好食物消费结构；在坚持抓好以植物性食物为主的同时，适度增加动物性食物比重，不断改善食物结构的质量。

《我国食物结构及发展战略》
(《现代化》1989 年第 1 期)

▲ 1997 年在河南考察小麦生产

努力使膳食结构变化同生产水平相适应

从现在起到本世纪末或更长时期,正确引导消费,必须成为我国的一项基本国策。也就是在保证人民生活随着收入增长而不断改善的前提下,努力使膳食结构的演变能同我国的食物生产水平相适应,同国民经济的增长能力相适应,同资源开发状况和承受能力相适应,同各地区、各民族饮食习惯相适应,同科学文化发展相适应。

《我国食物结构及发展战略》
(《中国农村经济》1989年第1期)

▲ 20世纪80年代考察食用菌生产

▲ 1991年5月考察地膜覆盖种植

六、食物结构与膳食营养

把大豆从粮食中划出来

发展大豆等豆类生产，是调整我国居民食物结构，解决蛋白质供给的一个基本途径。但是，长期以来我国大豆生产增长缓慢，加工技术落后，不能适应改善食物结构的需求。今后，要制定合理的大豆价格，把它从粮食中划出来，作为一种主要的蛋白质和油料作物，按营养素含量和质量来定价。同时，把它纳入轮作之中，因地制宜实行间套作，适当扩大播种面积，并改进加工技术，开辟多品种、多用途的综合利用途径。

《我国食物结构及发展战略》

（《中国农村经济》1989年第1期）

▲ 20世纪90年代初与沈桂芳（左一）、刘更另（右一）、刘志澄（右二）等在云南考察农业综合开发

大力发展奶类生产

大力发展奶类生产,不仅可以利用大量的作物秸秆和牧草资源,促进草地畜牧业的发展,而且还推动优质、高产、高效农业的全面发展和农业产业化的进程。在我国人多地少精饲料紧缺的情况下,发展奶业是优化农业产业结构,合理利用资源的有效途径。

《振兴奶业　增长经济　强盛民族》
（《中国食物与营养》1999 年第 4 期）

▲ 1998 年 8 月在内蒙古考察

食物结构调整必须坚持有利于人民健康的原则

我国食物结构调整，必须坚持有利于资源充分利用和保护生态环境的原则；必须坚持有利于提高人民营养水平，保障人民健康的原则；必须坚持建立符合国情的东方型膳食结构模式的原则；必须考虑各地区、各民族的消费习惯，面对我国食物发展不均衡的现实，因地制宜，采取不同的食物发展政策。

《"提高'菜篮子工程'质量改善我国居民食物结构"》
（《中国菜篮子工程》，中国农业出版社，1995年）

▲ 1999年8月参加由国家食物与营养咨询委员会与台湾食品工业研究所联合举办的海峡两岸东方食品研讨会

食物安全是全面小康社会的重要指标

依据国际经验，人均 GDP 达到 1000 美元，既是一个国家或地区经济起飞的重要起点，也是食物安全、营养改善工作的重要转折点，因此，我国当前面临着加强食物安全与营养工作的战略机遇。食物安全与营养既是全面小康社会的重要指标，也将对国民经济和社会的全面、协调、可持续发展起到基础性保障作用。

《中国农业发展理论与实践》
（江苏科学技术出版社，2006 年）

1988 年 12 月，卢良恕领衔提出的《关于合理调整我国食物结构的建议》得到了中央和国务院主要领导的高度重视和重要批示，对促进食物发展和优化膳食结构起到了重要的推动作用。

◀ 与万宝瑞共同参加国家食物与营养咨询委员会成立 10 周年座谈会

七

现代农业

要建立合理的农业生产结构和良好的大农业生态体系

为全面发展农林牧副渔，必须建立合理的农业生产结构和良好的大农业生态体系，提高综合发展的经济效益。粮食生产决不能放松，要保证粮食产量稳步上升。在发展粮食生产的同时，必须因地制宜，合理布局，积极发展多种经营。建立合理的耕作制度，逐步实行适当的专业化、区域化生产。建设农工商综合经营的社会主义大农业。

《关于发展江苏农业生产的设想和建议》

（《江苏农业科学》1981年第4期）

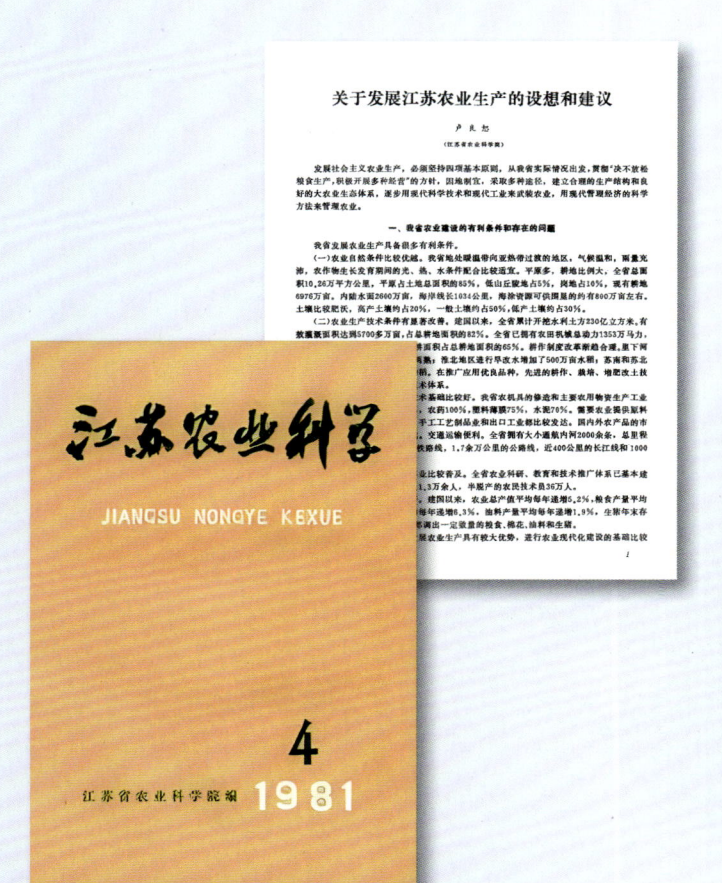

▲ 1986年5月在吉林考察特色产业发展

七、现代农业

> 建立农工商联合企业，实现农工商综合经营的村经济结构，是逐步实现农业现代化的必由之路

建设农工商综合经营的社会主义大农业，是发展农业生产、逐步实现农业现代化的要求。在建立合理的农业经济结构的基础上，逐步建立农工商联合企业，实现农工商综合经营的村经济结构，是逐步实现农业现代化的必由之路。这样做，可以使农副产品的生产、加工、储运、供销实现一体化，把农业在工业领域和流通领域中所得的利润合理地返回一部分给农民。这对缩小城乡差别、缩小工农产品的剪刀差、解决劳动力的出路、增加农业积累、加速实现农业现代化，都具有重要意义。

《关于发展江苏农业生产的设想和建议》
（《江苏农业科学》1981年第4期）

▲ 1993年6月4日在北京主持国际持续农业和农村发展研讨会

▲ 1994年初夏与韩德乾（左二）、许越先（右二）等考察渔业生产

▲ 20世纪80年代中期在东北考察特产基地

加强农业技术改造要坚持五条原则

农业现代化是一个动态概念，其实质是现代化科学技术在农业生产中的广泛应用，使农业生产力达到高度的发展水平，并不断向深度和广度发展。在加强农业技术改造，向农业现代化进军的过程中，要坚持五条原则。第一，把精耕细作的传统经验同现代科学技术相结合，实行集约化经营。第二，坚持生物措施与工程措施相结合，综合运用现代科学技术成就。第三，坚持经济效益、社会效益与生态效益相结合，建立良性循环的农业生态系统。第四，农业技术改造同农村综合发展的需要相结合，建立多层次的农业技术结构。第五，有选择地引进国外先进的适用技术，同消化、吸收、改造相结合，加快农业技术改造步伐。

《科技进步与我国农业现代化》
（《自然辩证法研究》1989年第6期）

七、现代农业

因地制宜，适当集中，发展以某一种、某几种产品为主的多种经营

各个农业区都要根据宜农则农、宜林则林、宜牧则牧的原则，按照各地的光能、气温、雨量，土壤和交通、市场、劳力、技术等自然条件和社会经济条件，因地制宜，适当集中，发展以农业的某一部门或某一种、某几种产品为主的多种经营。

《关于发展江苏农业生产的设想和建议》
（《江苏农业科学》1981年第4期）

走"现代集约持续农业"之路

正确认识我国社会主义初级阶段的农业，正确认识我国的国情与国力，应当走"资源节约型"、"生产集约化经营"和"防止污染保护生态环境"的"现代集约持续农业"之路。

《科技进步与我国农业现代化》
（《自然辩证法研究》1989年第6期）

▲ 2002年在广西参加西南岩溶地区扶贫开发建设研讨会

▲ 2002年11月与丁廷模（右四）等在广西考察设施农业

发展现代农业的核心是科学化

农业现代化，实质是科学化的农业，也即是当代科学技术在农业生产上综合应用的结晶。所以它是一个科学概念，是一个历史概念，有一个不断提高和发展的过程。发展现代农业的核心是科学化，特征是商品化，方向是集约化，只有紧密依靠科学技术，才能走出一条具有中国特色的社会主义现代农业的道路。

《农业现代化建设与科学技术发展》
（《农业经济问题》1992年第8期）

▲ 1989年10月在黑龙江友谊农场考察种子加工厂

▲ 1996年与庄巧生（前排右三）、程顺和（后排左三）等在江苏参加小麦新品种鉴定会

持续农业的四点主要目标

世界环境与资源的发展问题已成为当今国际社会十分关注的重要议题，在农业领域中则越来越强调提倡持续性农业的发展。持续农业的主要目标有四点：一是稳定持续增长的生产率；二是稳定持续的土壤肥力；三是健康协调的农村生态环境；四是资源的合理利用与保护，从而建立"高产、高效、持续"的新农业模式。

《农业现代化建设与科学技术发展》
（《农业经济问题》1992年第8期）

▲ 1994年在广东东莞参加中国东部农村市场经济与现代农业发展研讨会

要建立现代化的农业生产技术体系

到 2000 年，农业科技要为农业翻番、农村商品经济全面发展、人民生活达到小康水平服务。其战略目标是，要以现代科学技术和现代工业为强大支柱，把传统农业转变到现代科学技术和现代管理为基础的现代持续农业上来，逐步降低农业人口比重，大幅度提高土地利用率、资源产出率、劳动生产率和产品商品率，建立现代化的农业生产技术体系。

《农业现代化建设与科学技术发展》
（《农业经济问题》1992 年第 8 期）

▲ 1998 年在重庆考察设施农业发展

▲ 2000 年 11 月在福建农科院考察

▲ 2002 年 11 月在广西南宁考察

▲ 2002 年在浙江省农科院参观生物组培实验室

尽快实施"农业科技入户示范工程"

推进农业科技入户是一项系统工程，需要统筹规划，突出重点，分步实施。必须采取项目带动战略，尽快实施"农业科技入户示范工程"。建立农业科技示范户，通过工程的实施，以项目为载体，以优势农产品和优势产区为重点，突出主导品种、主推技术、主体培训，重点突破，整体推进，实现"科技人员直接到户、良种良法直接到田、技术要领直接到人"。

《农业科学家建议》

（2004年11月10日，由国家食物与营养咨询委员会主任卢良恕院士领衔的专家咨询团向中央提出《关于实施农业科技入户示范工程的建议》，得到了中央领导同志及国务院有关部委的高度重视和支持）

▶ 1993年4月在广西省博白县考察热带水果

现代农业的目标是产业化

现代农业是持续地、广泛地应用现代科学技术、现代管理和现代工业装备的专业化、社会化、集约化产业，是把生产、加工和销售相结合，把产前、产后和产中相结合，把生产、生活和生态相结合的一体化的高效率与高效益的综合性产业。现代农业的核心是科学化，特征是商品化，方向是集约化，目标是产业化。

《新时期中国农业发展与现代农业建设》
（《中国工程科学》2004年第1期）

▲ 2000年11月在福建考察花卉产业

▲ 2001年8月在黑龙江考察三江平原农业发展

▲ 2001年秋在山东东营考察花卉产业

▲ 2002年11月在广西兴安县考察农产品加工业

八

现代食物观

广辟食物资源

小康生活人均粮食应达 500 公斤

按小康生活水平要求，人均粮食应达 500 公斤，才能做到供需基本平衡。我们要从传统的"粮食"观念扩大到整个"食物"的观念，即在用好现有耕地的同时，着眼于整个国土资源的综合开发利用，向淡水、海洋要水产品，向饲料产业要畜产品，向农副产品加工要饲料，向低山丘陵要食物，实行广辟食物来源，节约粮食的食物发展战略。

《我国食物发展的战略与途径》
（《科技导报》1988 年第 4 期）

要面向整个国土综合利用食物资源

调整食物结构，要在种好 15 亿亩耕地的同时，面向整个国土，综合开发利用食物资源，向低山丘陵要木本粮油，向草山草坡要畜产品，向淡水、海洋要水产品。

《改善我国人民食物结构 做好作物品种资源工作》
（《中国科学报》1989 年 11 月 14 日）

从传统的粮食观念转变为现代食物观念

我国的粮食生产必须以现代食物观念来指导,从传统的单一的粮食观念转变为多样化、营养化的现代食物观念,一方面要广开食物来源,面向国土、面向海洋,开发多样化的食物资源。另一方面要充分挖掘现有耕地的潜力,进行种植业结构调整,由"粮食—经济作物"二元结构转向"粮食—经济作物—饲料作物"三元结构,实施"种植业三元结构工程",推动饲料工业、畜牧业、农产品加工业和食品工业的发展,满足人们对食物的数量、质量、安全、营养和种类不断增长的需求,保证食物结构和营养小康目标的实现。

《用现代食物观念指导结构调整 实现新增粮食 1000 亿斤》
(《科技日报》1995 年 10 月 30 日)

1996 年 9 月在江苏考察水稻种植

正确认识食物范畴

凡是能提供人体所需的一切可吃的东西都应包括在食物范畴内。单纯的粮食观念不仅限制了种植业和养殖业的发展,也制约了人民食物结构的改善和生活水平的提高。

《正确的选择与实践》

(卢良恕为《解决吃饭问题的战略选择》一书作序,1997年6月5日)

◀ 1987年在重庆考察柑橘生产

食物发展战略

树立现代食物观念是关键

种好 15 亿亩耕地的同时，面向整个国土资源，科学开发利用非耕地资源，广辟食物来源，增加食物总量的观念；大力发展养殖业、饲料工业和食品工业及农产品加工业，提高科技含量，增加附加值提高粮食生产整体效益的观念；既要重视资金、物质投入，也要重视智力投入，提高广大农民的科学文化素质，加强农村经营管理的观念，等等。这其中现代食物观念的树立是关键。

《正确的选择与实践》
（卢良恕为《解决吃饭问题的战略选择》
一书作序，1997 年 6 月 5 日）

▼ 2005 年在广东省农科院基地考察

食物生产结构、消费结构、膳食营养结构三者配套协调

在今后食物总需求长期大于总供给的形势下，解决供需矛盾的突破口在于食物结构的调整、优化与配套，即从食物生产结构的调整入手，促进食物资源充分、合理的开发利用，同时引导城乡居民适度消费，使食物生产结构、消费结构、膳食营养结构三者配套协调，并达到各自结构的优化，从而产生最佳效果。

《我国中长期食物发展战略与对策》
（《中国软科学》1992 年第 1 期）

◀ 1993 年 11 月中国农学会立体农业分会成立

八、现代食物观

食物发展的四个基本战略观点

在食物发展上，要确立四个基本的战略观点：一是要将传统的粮食观念扩展到现代食物的观念，在用好现有耕地的同时，着眼于整个国土资源，包括草地、滩涂、水域、低山丘陵的综合开发利用，以广辟食物源、营养源。二是坚持不懈地贯彻农业是国民经济的基础、粮食是基础之基础的方针，在抓好粮食生产的同时，大力发展畜牧业、水产业、食品工业以及各种食用经济作物的生产。三是从长远观点看，根本出路在于依靠科学技术进步，提高食物的综合生产能力。从我国实际出发，以提高土地生产率、资源利用率和投入产出率为主线，选择传统农业与现代农业相结合的高产、优质、低耗、高效的技术路线。同时，加强食物基础研究，为开辟新的食物生产领域和生产途径提供科学技术贮备。四是从中国的实际出发，在发扬膳食优良传统的基础上，用现代营养科学来指导居民食物消费，建立符合中国国情的东方型食物消费模式。

《我国中长期食物发展战略与对策》
（《中国软科学》1992年第1期）

▲ 1989年在河北考察小麦生产

选择合理食物结构要充分考虑不同地区、不同民族、不同人群的差别

从我国人口、资源、经济、膳食传统与饮食习惯出发，吸取国际上的有益经验，要选择合理食物结构。坚持以植物性食物为主，动物性食物为辅。植物性食物中，以谷物为主，注意"五谷杂粮"的搭配。适度增加动物性食物，调整肉类食物结构。以营养科学为指导，改善各种营养素的合理配比，以达到膳食平衡、营养全面。坚持因地制宜，充分考虑不同地区、不同民族、不同人群的差别。

《论中国中长期食物发展战略》
（《中国农业科学》1993年第1期）

▲ 20世纪80年代后期在湖南武陵山区考察

▼ 1998年与周生涛等在新疆参加荒漠化治理科技现场会

以现代食物观念指导食物生产

以现代食物观念指导食物生产。许多年来，人们常把食物问题简单地理解为粮食问题，失去全面考虑食物发展的空间。在解决温饱问题之前，一方面粮食只能维持基本生活直接食用，另一方面国力也难以承担大规模的其他非粮生产所需要的费用。因此，在人们的观念中误认为粮食就是食物，食物就是粮食。但在解决温饱之后，动物性食品增加速度较快，食物种类增加，我们必须将传统的粮食观念扩大到现代食物观念，在用好15亿亩耕地的同时，要着眼于整个国土资源的综合开发利用。

《2000年中国食物需求与对策》

（《中国食物与营养》1996年第2期）

食物与营养发展的"五个坚持"基本原则

今后食物与营养发展的基本原则概括为"五个坚持":一是坚持食物生产与消费协调发展的原则,适应居民营养改善的需要,建立以农业为基础、以食品工业为龙头的现代食物产业体系;二是坚持食物资源利用与保护相结合的原则,合理开发利用各种食物资源,实现可持续发展;三是坚持食物质量与安全卫生管理相结合的原则,加强对食物质量的监测和管理,全面提高食物质量和安全卫生水平;四是坚持优化结构与预防疾病相结合的原则,调整优化食物与营养结构,预防营养性疾病,提高全民营养与健康水平;五是坚持继承和创新相结合的原则,发扬中华饮食文化的优良传统,全面提高食物发展的科技水平,走有中国特色的食物与营养发展道路。

《中国食物与营养发展纲要(2001—2010年)制定背景及其主要内容》

(《中国食物与营养》2002年第1期)

◀ 2004年与何康(中)等参加国家食物与营养咨询委员会调研活动

八、现代食物观

食物营养发展要优先解决奶类产业、大豆产业和食品工业三个重点领域

今后10年，食物营养发展问题要优先解决三个重点领域：一是加快发展奶类产业。奶类是优质动物蛋白，又是我国食物发展中的薄弱环节，提高国民身体素质关键是要增加奶类消费。二是大力发展大豆产业。大豆是中国最具传统的食物，我国曾是世界大豆生产大国和消费大国。但近年来发展比较缓慢，进口明显增加。大豆是植物类优质蛋白质资源，大豆精深加工具有十分广阔的前景。发展大豆产业不仅可以改善居民食物消费结构，而且有利于农业产业结构调整，带动相关产业的发展。三是加快发展食品工业。尽管我国食品工业取得很大发展，但与发达国家相比仍然落后，管理体制也需要改革。目前已经具备了加速发展食品工业的条件。

《中国食物与营养发展纲要（2001—2010年）制定背景及其主要内容》
（《中国食物与营养》2002年第1期）

◀ 2011年10月在北京出席省级食物营养纲要培训班并作学术报告

食物安全与营养改善是一项永恒的基础性、战略性工作

中国是一个农业大国、人口大国,农业是食物的主要来源,因此,农业发展、食物安全与营养改善是一项永恒的基础性、战略性工作。

《适应新形势 抓住新机遇 开创食物与营养事业新局面》
(《中国食物与营养》2006 年第 2 期)

要从食物安全的高度审视粮食安全

要解决粮食安全问题,必须要从食物安全的高度进行审视,不仅食物概念的内涵比粮食更丰富、更全面,而且树立食物安全的新观念是实现粮食安全的基础和保证。

《立足于食物安全的大局 着眼于生产能力的提高 确保我国新时期的粮食安全》
(《中国食物与营养》2004 年第 4 期)

▲ 著作研究

"食物安全"更加符合人与自然和谐共处的要求

"粮食安全"和"食物安全"的战略不同。"粮食安全"主要重视粮食数量的供需平衡,水稻、小麦、玉米等粮食作物的种植对耕地、水资源等的自然条件要求高,初级产品大多是经过简单加工直接消费,其战略目标是粮食主产区如何发展粮食产业、促进种粮农民增加收入、保障粮食有效供给;"食物安全"则是在粮食安全的基础上,充分发挥区域比较优势,宜粮则粮、宜牧则牧、宜林则林、宜渔则渔,注重转化、加工、食物多样化及其安全卫生、营养丰富,这更加符合小康社会发展和人与自然和谐共处的要求。

《立足于食物安全的大局 着眼于生产能力的提高 确保我国新时期的粮食安全》
(《中国食物与营养》2004年第4期)

▲ 著作研究

▲ 资政建议

第三部分

工作生活足迹

▲ 1956年在农村调研

▲ 1973年在江苏"五七"干校

▲ 1965年1月13日，在江苏涟水李集公社李集大队薛庄生产队讲解农业技术问题

第三部分　工作生活足迹

▲ 1978年在江苏农科院科技座谈会上

▲ 1978年在昆明与梅籍芳（中），刘大均（左一）

▲ 1978年在昆明与梅籍芳（后排中）、郭绍铮（后排左一），周朝飞（前排左一）等小麦专家

▲ 1981年在江苏考察水稻生产

▲ 1982年10月担任中国农业科学院院长期间

▲ 20世纪80年代早期考察农业农村发展

▲ 1980年在江苏考察农业生产

▲ 1987年10月中国农科院30年院庆期间，与金善宝（右）、何康（中）、相重扬（左二）等

▲ 1988年与袁隆平（右三）、朱祖祥（左二）、刘更另（右二）等出席中国水稻所理事会会议

第三部分　工作生活足迹

▲ 1989年6月与江苏农科院邹江石（右一）等一起

▲ 1989年秋与相重扬在北京"国际农业合作奖"招待会上

▲ 1989年春节与老同学聚会，朱厚泽、相重扬、李心天、杨光启（从左往右）

▲ 1990年与沈桂芳（中）、刘志澄（右）

▲ 1992年6月赴台交流期间在台北与蒋彦士先生

▲ 1995年10月带领农业科技专家考察江苏省锡山市农业生产

▲ 1997年11月16日京丰宾馆与中国工程院学部院士

第三部分　工作生活足迹

▲ 1998年在两院院士大会上与沈国舫

▲ 1999年5月与院士专家一起考察，方智远、邱式邦、范云六、吕飞杰、卢良恕、庄巧生、刘更另（从左往右）

▲ 1999年国庆50周年观礼与沈桂芳（左一）、张子仪（右二）、范云六（右一）

▲ 1999年与张子仪一起出席新中国成立50周年国庆观礼

◀ 2000年10月与何康(左二)、王连铮(左一)、吕飞杰(右一)

▲ 2002年4月出席中国农学会第八次全国会员代表大会

2003年在北京与范小建共同参加国家食物与营养咨询委员会成立十周年活动

2012年，出席中国农业科学院农业经济与政策顾问团工作会议

◀ 2007年10月在北京出席农业信息科技论坛期间与屈冬玉交谈

2011年1月与前来看望他的张桃林（左一）、翟虎渠（右一）▶

2013年2月与前来看望他的陈萌山 ▶

◀ 2011年5月与杜占元共同参加农业科技会议

◀ 2013年11月卢良恕院士学术思想研讨会上与李家洋、何康、张子仪、任继周、薛亮（后排从左往右）

2013年11月卢良恕院士学术思想研讨会上与周济（后排右，时任中国工程院院长）、沈国舫（后排左）

▲ 2013年卢良恕院士学术思想研讨会上与刘旭（后排）

▲ 2004年11月与朱德蔚共同参加西南"金三角"农业发展战略研讨会

▲ 与李振声（左一）、左天觉（右二）等参加会议

▲ 与刘更另

▲ 与董玉琛（左一）、范云六（右一）

▲ 2010年在家中与前来看望的旭日干（左一）

▲ 70年代末在南京与崔继林、杨运生等一起接待外宾

▲ 1979年8月访问英国伦敦草原研究院

▲ 1976年在江苏接待美国小麦代表团

第三部分　工作生活足迹

◀ 1982年访问朝鲜期间新华社报道

朴成哲接见我水稻代表团

新华社平壤9月3日电　朝鲜劳动党中央委员会政治局委员、国家副主席朴成哲，今天在平壤人民文化宫接见以中国农业科学院院长卢良恕为团长的中国水稻代表团，同他们进行了亲切友好的谈话。

朴成哲在谈话中热烈祝贺中国共产党第十二次全国代表大会的召开。

他说，这次代表大会对于正在为实现四个现代化而奋斗的中国人民是一个巨大的鼓舞和推动力量。

会见时在座的有朝鲜农业科学院院长李永均和中国驻朝鲜大使宗克文。

中国水稻代表团于8月31日乘飞机到达平壤，参加联合国粮农组织在朝鲜举办的亚太地区水稻高产、稳产讨论会。

▲ 1982年访问朝鲜期间卢良恕（右六）与代表团成员合影

▲ 1984年6月访问国际水稻所期间出席中国农业科学院与国际水稻所合作研究会议合影

◀ 1987年3月会见国际农经学会主席朗沃斯先生（前排右二）

第三部分　工作生活足迹

1　1989年1月美国旧金山访问期间
2　20世纪80年代末访美期间
3　1990年7月，率中国农学会代表团赴俄罗斯考察旱地农业
4　1991年参加日中农民交流协会成立20周年活动
5　1996年4月赴美参加会议

▲ 1996年10月,访美期间与左天觉等合影

▲ 1996年10月,访问美国农业部西部地区研究中心

▲ 1997年9月,参观韩国京畿骊州郡农协

▲ 1997年9月,访问韩国汉城大学

第三部分　工作生活足迹

▲ 1994年与同事刘志澄、梅方权在广西

▲ 1994年2月与助手司洪文

▲ 2002年4月在福建会议期间与助手许世卫

▲ 1992年与身边工作人员司洪文、沈秋兴、许世卫、苟红旗

▲ 20世纪90年代中期与助手许世卫、苟红旗

▲ 2002年7月与助手顾晓君在上海

▲ 1998年11月与助手高中琪、许健民

▲ 2001年5月与助手许健民、孙君茂在东营

▲ 2005年与助手徐进

▲ 2009年9月在北京与同事、助手（前排自左到右分别为：卢肖平、钱克明、司洪文、卢良恕、刘志澄、沈秋兴，后排自左到右分别为：孙东升、许世卫、高中琪、苟红旗、许健民、孙君茂）

▲ 2003年参加方悴农90周岁生日活动

◀ 2013年11月卢良恕院士学术思想研讨会上与在身边工作过的助手（后排自右到左分别为：许健民、顾晓君、司洪文、许世卫、孙君茂、朱海波）

◀ 20世纪30年代与母亲胡丽安（左二）、姨妈（左一）、弟弟卢良惠（右一）

▲ 13岁时的卢良恕

▲ 1937年与母亲胡丽安（左二）、姨妈（左一）、弟弟卢良惠（右二）在长沙

第三部分　工作生活足迹

▲ 1942年贵阳清华中学高中部春季毕业生合影，后排右五为卢良恕，后排左四为弟弟卢良惠

▲ 1945年在成都金陵大学，前排左一为卢良恕

▲ 20世纪50年代在华东农业科学研究所

▲ 1969年国庆节与家人

▲ 1960年冬与家人

▲ 1971年秋天在南京家中与全家

第三部分　工作生活足迹

◀ 20世纪80年代初与亲友

▲ 1981年国庆与母亲胡丽安（中）和妻子尹雪莉（左）在南京

▲ 1983年8月在中国农科院

▲ 1988年在家中书房

▲ 1991年春节全家福

▲ 1991年10月与母亲、妻子

▲ 1992年春节与小孙女

▲ 1993年春节

▲ 2000年7月30日金婚纪念

▲ 2003年80岁全家福

▲ 2003年与妻子尹雪莉

▼ 2003年与孙辈们

▲ 2013年11月卢良恕院士学术思想研讨会上与家人

▲ 八十大寿自勉